ゼロからの
TOEIC® L&Rテスト
リスニング講義

MP3 音声
無料
ダウンロード

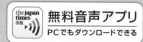

無料音声アプリ
PCでもダウンロードできる

和久健司 著

the japan times出版

はじめに

　本書は「ゼロから」シリーズの3冊目になります。おかげさまで、『ゼロからのTOEIC® L&R テスト 600点 全パート講義』『ゼロからの TOEIC® L&R テストリーディング講義』は多くの方にお読みいただくことができました。

　先日、TOEIC 会場である受験生が「全パート講義」で学習しているのを見かけました。著者としては喜びを感じる場面かもしれません。しかし、私が感じたのは緊張と責任です。それは本の価値が、読まれた時ではなく結果の一助となった時にあることを目の当たりにしたからです。だから本書でも結果を出すことに全力を注ぎました。

　シンプルに、TOEICで重要なことは結果です。結果とはスコアです。そしてスコアを上げるために重要なことが手段です。手段とは勉強する内容です。本書に書かれている内容はすべて、結果を取るためのものです。

　私は多くの TOEIC 受験者と共に学んできて、スコアアップに悩む人の原因は2つあると考えています。1つは「単語を覚えていない」。単語は覚えてください。2つめが「何をすればよいかがわからない」です。多くの方から「何をすればよいかがわからない」「わからないところがわからない」といった相談を多く受けます。

　自分がそうだったから、その気持ちは少しだけわかる気がします。彼、彼女たちを代弁するなら「やっていることに自信が持てない」という気持ちです。自分が持っている器がザルのようなもので、だけどそこに水を入れているような感じでしょうか。こぼれ落ちる水を見るのは誰だって辛いはずです。

　本書を読み進めるうちに、その器が、水がたまる何かに変わるのを感じていただけると思います。水は自信です。スコアが出れば、自信になります。そして、そのスコアがまぐれではなく、ちゃんとわかったという実感とともに上がってきたとき、自信は育ちます。そのためには、まずこうすればできる、解ける、という経験が必要です。

本書は基礎の基礎から解説してはいますが、読者であるあなたに要求している内容は、もしかすると少しタフなものかもしれません。各パートの最後に収録した実践問題は本番の問題と同じ数、同じ難度の問題です。またそこにいくまでの内容も、ゼロから TOEIC レベルに達するよう多くの問題を配置しています。リスニングなのに文法が必要なの？ ABC を選ぶだけなのに、なんで一言一句聞き取らせるの？ そんなふうに感じることもあるでしょう。それはこれからあなたが取る結果に対してあなた自身に一番納得してもらいたいからです。「やるべきことをやり、理解すべきことを理解して聞いた。だからこの点数が取れていいんだ」「これだけやったんだ、前よりできるようになっているはずだ」。そう感じてもらえた時、多くの TOEIC 書籍があるなかで、新しく本を書いたことの価値があると考えています。

　今まで感じていた不安は不安として感じながら、本書に取り組んでください。その不安が少しずつ自信に変わるはずです。本書を通してスコアを上げることはもちろん、あなたが欲しい現実を自分の手で取れるんだと感じていただけるきっかけになれば、著者としてこれほどうれしいことはありません。教室ではいつも、こう言っています。「夢なんて片っぱしから叶えろ」と。

和久健司

カバー・本文デザイン・DTP	清水裕久（Pesco Paint）
イラスト	cawa-j ☆かわじ
実践問題作成	Daniel Warriner
英文校正	Claude Batmanghelidj
音声収録・編集	ELEC 録音スタジオ
ナレーター	Neil DeMaere（加）、Emma Howard（英）、Jack Merluzzi（米）、Stuart O（豪）、Rachel Walzer（米）
写真	【p. 13-44】iStock.com/ MangoStar_Studio、AdrianHancu、kali9、FangXiaNuo、gpointstudio、LightFieldStudios、mapodile、vm、izusek、_IB_、fatihhoca、fotofrog、wathanyu、Niall_Majury、buzbuzzer、modds、Kokkai Ng、przemeksuwalki、wip-studiolublin、zoranm、kali9、gorodenkoff、studerga、Thomas Bullock、Daria Nipot

本書の構成

　本書はリスニングセクション（Part 1 〜 4）のパートごとに、「攻略ルート」に沿った解説と豊富な演習で、実力と「できた」実感を積み上げる構成です。

問題を知る

各パートの問題形式や
「わくわくポイント」を確認。
攻略の第一歩は
問題を知ることから始まります。

問題を解く

本番と同じレベルの例題を解いて、
攻略に何が必要かを
掘り下げていきます。
ここで解けなくてもあわてずに。

攻略ルート **3**

対策を練る

例題を使って、
実際にどう攻略していくかを
解説します。

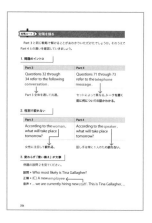

↓

攻略ルート **4**

戦略を身につける

多彩な練習問題で、
パートごとに必要な文法知識と
戦略をしっかり定着させます。

↓

攻略ルート **5**

実践問題

本番と同じレベル・数の問題に挑戦！
ルート4までで積み上げた
戦略を使って解いていきましょう。
本番で実力を出し切る準備を
万全にします。

TOEIC® L&R テスト基本情報

TOEIC® Listening & Reading Test は、英語でのコミュニケーション能力を測る TOEIC® Program のテストの一つです。

問題形式

リスニングセクション（100 問・約 45 分）とリーディングセクション（100 問・75 分）があり、計 200 問をマークシート形式で解答します。テストは英文のみで構成されています。リスニングセクションの発音は、アメリカ、イギリス、カナダ、オーストラリアのものです。

本書は**リスニングセクションの Part 1 〜 4** を対象としています。

Part	出題形式	問題数	時間
Part 1	写真描写問題	6	約 45 分
Part 2	応答問題	25	
Part 3	会話問題	39	
Part 4	説明文問題	30	
Part 5	短文穴埋め問題	30	75 分
Part 6	長文穴埋め問題	16	
Part 7	1 つあるいは複数の文書の長文問題	54	

（Part 1〜4: リスニング、Part 5〜7: リーディング）

テストの日程、受験料、申込方法などの最新情報は、TOEIC 公式サイト https://www.toeic.or.jp をご覧ください。

「ゼロからの TOEIC」でリスニング力を上げるために

　教室で授業をしていると、すぐにスコアが伸びる学習者と、そうではない学習者がいることに気づきます。もちろん、それぞれの学力や英語学習の背景は異なるため、正確に伸び方を測ることは不可能です。ただ一般的には、伸びる学習者はやはり要領や飲み込みがよい、とされている節があります。

　伸びる学習者の努力があることは認めたうえで、私は自分がそうだったから伸び悩む学習者の立場に立ちたいと思います。要領・飲み込みが悪くて不器用、センスがあるかないかと聞かれたら「ない」と即答できるような昔の自分にどうリスニングのスコアを取らせるか、それをあらためて考えました。

　生まれ持ったセンスや経験とは関係なく、どんな人でもリスニングを伸ばせる方法はないか模索したときにたどりついたのが「文法」です。英語の基本的な決まりを理解し、語順を理解できれば、あるルールをもとに英語を聞くことができます。過去に英会話スクールに行っていた、昔海外に住んでいたなど、今さら変えられない過去は関係ありません。現時点での英語力を問わない、つまりそれこそ「ゼロから」でも、TOEIC のリスニングに対応できる手段が文法の理解なのです。本書ではこの文法というルールを把握し、次はこれが流れるとあらかじめわかった状態を作ることで TOEIC の多種多様な問題を攻略していきます。

　「文法はむしろリスニングより苦手」と感じている方も心配ありません。サッカーがフィールドプレイヤーは手を使えないというルールによって成立しているように、英語は文法によって成り立っています。つまり、そのルール（文法）を守って初めて、試合に勝つことができるのです。そして、そのルールは誰にでも理解できるシンプルなものです。

　特別なことは必要ありません。お願いしたいことは 1 つ。初めから順にページをめくってください。出木杉君にものび太にも同じルールとして存在する文法をベースに誰にでも理解できるように解説したつもりです。リスニングの対策本ではありますが、流れる音声だけでなく、その英語が話されるもっと深いところを学んでいきます。本書に書かれていることを実践すれば必ず結果が出ます。では、早速始めましょう。

音声のご利用方法

本書の音声はスマートフォンや PC でご利用いただけます。

▶ **スマートフォン**
1. 音声再生アプリ「OTO Navi」を
   インストール

2. OTO Navi で本書を検索

3. OTO Navi で音声をダウンロードし、再生

 3 秒早送り・早戻し、繰り返し再生などの便利機能つき。学習にお役立てください。

▶ **PC**
1. ブラウザから BOOK CLUB にアクセス

    https://bookclub.japantimes.co.jp/book/b623765.html

2. 「ダウンロード」ボタンをクリック

3. 音声をダウンロードし、iTunes などに取り込んで再生
   ※音声は zip ファイルを展開 (解凍) してご利用ください。

Part 1

> Part 1 の攻略はシンプルです。本番では 6 問中 5 問正解して勢いをつけましょう。

問題を知る

リスニングセクション全体と Part 1 の Directions に続き、問題に入ります。音声を聞いて、(A) 〜 (D) から写真を最も適切に描写している選択肢を選びます。

問題の外見

問題数	**6 問**
選択肢の数	4
目標正答数	5 問
時間	約 4 分 30 秒
Directions	約 1 分 30 秒

問題の中身

人と物の写真が出題されます。6 問のうち、平均して人：物＝ 4：2 の割合で出題されるため、人の問題は確実に正解しましょう。

＊ Directions 中に行うこと

リスニングでは各 Part の初めに Directions が流れます。Directions は「こうやって問題を解いてください」という指示です（英語で流れます）。Directions を聞く必要はありません。1 分 30 秒の間に 6 枚の写真を確認し、「人」か「物」かを分けておきます。

 わくわくPoint

セットして、切る

旅慣れた人は荷物がシンプルです。それができるのは必要なものがわかっているから。Part 1 の必要なものは写っている「人」と「物」。これを把握し、文法でセットし、写っていないものは荷物から外すだけです。

攻略ルート 2 問題を解く

実際の問題を解き、正解するのに何が必要かを明確にしましょう。

例題 ◀ ») 001-002

1.

Ⓐ Ⓑ Ⓒ Ⓓ

2.

Ⓐ Ⓑ Ⓒ Ⓓ

例題・解答解説

1. 正解 **B** ◀)) 001

(A) He's standing in front of the desk.
(B) He's pointing at a book.
(C) He's writing on a notepad.
(D) He's adjusting the chair.

(A) 彼は机の前に立っている。
(B) 彼は本を指差している。
(C) 彼はノートに書いている。
(D) 彼は椅子を調節している。

① 主語は人　　② 進行形（be + -ing）が使われる

2. 正解 **D** ◀)) 002

(A) Some bags are piled on the road.
(B) Some flowerpots are lined up against the wall.
(C) A bench is located on the road.
(D) A car is parked on the street.

(A) いくつかの袋が路上に積まれている。
(B) 植木鉢が壁に接して並べられている。
(C) ベンチが道路にある。
(D) 車が通りに停められている。

③ 主語は物　　④ 受動態（be + p.p.）が使われる

　①②から、**人が主語のときは進行形が使われ**、③④から、**物が主語のときは受動態が使われる**ことがわかります。

　対策は、1. 進行形と受動態の理解、2. 選択肢の切り方、3.（1 以外の）文法事項です。次のルートですべて解説します。

攻略ルート **4** 戦略を身につける

1. 進行形と受動態

〈現在進行形〉

意味 「(今)〜しています」「〜しているところです」

形 be + -ing

※ Part 1 では「現在進行形」しか出題されません(過去進行形、未来進行形は出ません)。また「私 (I)」が出ることもないため be は is/are のいずれかです。

〈受動態〉

意味 「〜された」「〜されている」

形 be + p.p. (過去分詞)(+ by 人)

※ 上記と同じく be は is/are のいずれかです。

　これを知っておけば、頭の中であらかじめ **「人+ be + -ing」「物+ be +過去分詞」** の順番だと待ち構えることができます。

　先ほどの例題を使って、「人」と「物」の英文を詳しく見ていきましょう。

① 「人」の文

  (A) He's standing in front of the desk.

  (B) He's pointing at a book.

  (C) He's writing on a notepad.

  (D) He's adjusting the chair.

　すべて He が主語です (He's は He is の短縮)。つまり **be 動詞の後ろでどんな動作を述べているかがポイント**です。

② 「物」の文

(A) Some bags are piled on the road.
(B) Some flowerpots are lined up against the wall.
(C) A bench is located on the road.
(D) A car is parked on the street.

人パターンとは一転、主語はバラバラです。be 動詞も主語に合わせて変わり、過去分詞もすべて異なっています。主語と、それがどういった状態にあるかの過去分詞までが聞き取りポイントです。

ここまでは文法的な理解をもとに、正解を選びにいくアプローチでした。次は不正解を切り、正解を確実なものにします。Part 1 の誤答選択肢では「写っていないもの・判断できないもの」がしばしば登場し、それを切るだけです。次の写真で練習しましょう。

2. 「切り」の作業

◀)) 003 🇬🇧

耳 🦻

(A) She's arranging some chairs.
(B) She's working in a dining area.
(C) She's wiping the floor.
(D) She's washing some dishes.

目 👀

(A) 椅子並べてないよな →✗
(B) んーちょっと保留 → ○
(C) 拭いてはいるけど床は写ってないよな。
　　 床拭いてないし。→✗
(D) 皿洗ってないよな。→✗

(A) 彼女はいくつかの椅子を並べている。
(B) 彼女は食事エリアで作業している。
(C) 彼女は床を拭いている。
(C) 彼女はいくつかの皿を洗っている。

上の要領で誤答を切ります。聞き取りポイントを中心に**「判断できないもの・写ってないもの」**を切ってください。たとえば (A) で「でもこの椅子、彼女が並べた

かもしれないし……」というのは一番ダメな考え方です。「かも」（＝判断できない）は NG！ また、(C) で wiping が聞こえた瞬間「キタ！ 拭いてる！」と正解を選びにいくのも危険です。その後に floor が聞こえた瞬間「写ってないものは切る」の法則で×にします。(B)「彼女は食事エリアで作業している」は一見（一聴）、言わんとすることがぼんやりしていますが、写真の説明として何の問題もありません。意識としては「これが正解！」ではなく、「うん、問題ない」といった姿勢で解答していきます。

　以上の流れは、たとえば朝食のビュッフェに似ています。自分が食べたいものが和食か洋食かを「分け」、ライブキッチンでのオムレツなど絶対食べたいものを「セット」してトレイに乗せ、洋食を選んだら必要のないワサビは「切る」。以下のようなイメージで Part 1 に取り組んでください。

She's **wiping** ~~the floor~~.

トレイ

→ 聞き取りポイントの wiping はトレイに！ floor は写っていないから乗せない！

3. 受動態の応用

　受動態の応用として、「現在完了受動態」「現在進行受動態」があります。漢字が7個も並んでいかにも難しそうですが、Part 1 に関してはどちらも単に受動態と考えて問題ありません。例文で確認しましょう。

① Chairs have **been arranged.** (椅子が並べられている)
② A cup is **being washed.** (コップが洗われている)

　色の太字部分はどちらも受動態です。①は現在完了形、②は進行形の意味を持った受動態となっていますが、複雑に考えず「受動態」と捉えてください。「物」が来たらこのパターンもあるかもな、くらいで十分です。なお、①の been の発音は「ベン」に近い音です。

4. 存在文

　ここまでで、「人であれば進行形・物であれば受動態」が待ちの基本スタイルで

あることを述べました。実際に 9 割はこのパターンで出題されます。残りの 1 割が、この「存在文」です。

① **There is** a bench in front of the building.
（建物の前にベンチが**ある**）

② **There are** some performers on the stage.
（ステージの上に何名かの演奏者が**いる**）

今までに There is/are ~. という文を見たことはありませんか。そう、あれです。大事なのは be 動詞を**「ある・いる」と訳す**こと、そして bench や performers が出てきているように、**「人」「物」両方に使われる表現**だということです。

なお、過去に Shoes are on display.（靴が陳列されている）のように There is/are を用いずに「ある・いる」が出題されたケースがあります。この場合も同じく be 動詞を「ある・いる」と訳し、be 動詞の後ろ（この場合は on display）の状態になっていると考えれば OK です。

では Part 1 の解答手順をまとめます。

■ **Part 1 攻略チャート**

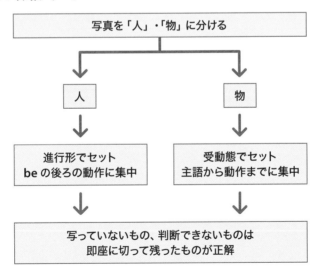

では、次ページからの練習問題でこの攻略をしっかり身につけていきましょう。

練習問題 1

音声を聞き、英文が「進行形・受動態・存在文」のうち、どれが使われているか を選んでください。難しい単語があっても気にせずに、どの文法が使われているか に注意して聞きましょう。

🔊 004-009

1. 進行 ｜ 受動 ｜ 存在

2. 進行 ｜ 受動 ｜ 存在

3. 進行 ｜ 受動 ｜ 存在

4. 進行 ｜ 受動 ｜ 存在

5. 進行 ｜ 受動 ｜ 存在

6. 進行 ｜ 受動 ｜ 存在

解答解説

1. 進行 He's **taking** off his jacket. （彼は上着を脱いでいるところだ）

🔊 004
🇨🇦　短縮された is と taking があるため進行形の英文です。wear（身に着けている状態）と put on（今まさに着ているところ）も頻出です。

2. 受動 The walkway **is covered** with trees. （歩道が木で覆われている）

🔊 005
🇺🇸　be + p.p. の受動態の文です。物（歩道）が主語になっています。

3. 進行 A woman **is filling** a cup. （女性がカップに注いでいる）

🔊 006
🇦🇺　人を主語にした進行形の文です。pour（[液体を] 注ぐ）も押さえておきたい単語です。

4. 存在 There **is** a water fountain on the patio. （中庭に噴水がある）

🔊 007
🇬🇧　There で始まる存在文です。fountain（噴水）、patio（中庭）ともに Part 1 の常連単語です。絶対に覚えておきましょう。

5. 進行 Some people **are examining** the device.
（何人かの人が機械を調べている）

🔊 008
🇨🇦　people が聞こえた瞬間に進行形が待てたら、成長している証拠です。examine（調べる）の同意語に check があります。device は機械を示す語の代表格です。

6. 受動 Boats have **been tied** to the pier. （ボートが桟橋につながれている）

🔊 009
🇺🇸　Boats が聞こえた瞬間に受動態を待てるかが重要です。tie（結ぶ、つなぐ）、pier（桟橋）といった単語は写真と一緒に覚えていきましょう。

　初めて聞く単語も多いはずなので、全部を聞き取れなくても大丈夫です。主語を聞いた瞬間に、進行形・受動態・存在文のどれかのトレイを頭の中に作れたかどうかが大事です。この「聞きトレイ」を作ることを意識してください。

練習問題 2

トレイを作ったあとは聞き取りポイントを絞ります。音声を聞き、下線部に聞こえた単語を書き入れてください。

🔊 010-019

1. He's _____ a photocopier.

2. She's _____ a musical instrument.

3. One of the men is _____ the floor.

4. One of the women is _____ some equipment.

5. They're _____ each other.

6. People are _____ into a vehicle.

7. Some bags are _____ on a counter.

8. Cars have been _____ near the building.

9. There are some benches _____ the street.

10. Some food _____ on a plate.

解答解説

1. He's **using** a photocopier. (彼はコピー機を使っている)

🔊 **010**
🏴󠁧󠁢

仮に using を "useing" と書いてしまっても、気にしなくて OK。TOEIC でスペルは問われません。-ing にしようとする姿勢が大事です。

2. She's **playing** a musical instrument. (彼女は楽器を演奏している)

🔊 **011**
🇦🇺

-ing の動作に注目です。なお、どう見てもピアノやギターなやつが instrument (楽器) と言葉を変えて出てくるのが Part 1 です。

3. One of the men is **sweeping** the floor. (男性の 1 人は床を掃いている)

🔊 **012**
🇨🇦

One of が聞こえた瞬間に人待ち・進行形待ち。sweep (掃く) はカーリングのスイーパーの作業ですね。

4. One of the women is **adjusting** some equipment.
(女性の 1 人は機械を調節している)

🔊 **013**
🇺🇸

進行形が続きます。adjust (調整する) は日本語でも「アジャスター」でなじみがある語かもしれません。

5. They're **facing** each other. (彼らは向かい合っている)

🔊 **014**
🏴󠁧󠁢

さらに進行形です。名詞の face (顔) は動詞で「向き合う」になります。

6. People are **getting** into a vehicle. (人々が車に乗り込んでいる)

🔊 **015**
🇦🇺

get into ~ は「(場所) の中へ入る」「(乗り物) に乗り込む」の 2 パターンを押さえておきましょう。vehicle は「乗り物」の代表選手です。

7. Some bags are **displayed** on a counter.

（いくつかのバッグがカウンターの上に陳列されている）

🔊 016
🇨🇦 　「物」で受動態の典型パターンでした。display は on display（陳列）の形でも登
　　場します。

8. Cars have been **parked** near the building. （車が建物の近くに駐車されている）

🔊 017
🇺🇸 　再び「物」で受動態の典型パターンでした。have が聞こえてもあわてずに。受動
　　態として過去分詞が書けていれば OK です。

9. There are some benches **along** the street.

（通りに沿っていくつかベンチがある）

🔊 018
🇬🇧 　There is/are で始まる存在文です。長さのあるもの、奥行きがあるものが写ってい
　　たら along の可能性大です。

10. Some food **is** on a plate. （皿の上に料理がある）

🔊 019
🇦🇺 　存在文のおさらいです。主語＋be 動詞＋前置詞で「〜がある」と訳せれば、あと
　　は単語を増やすだけです。

　ここまでで手に持つトレイは盤石になりました。つまり、文法的には仕上がって
います。あとは何を乗せるか。そう、単語です。練習問題 3 で写真に写っているも
のと単語を一致させていきましょう。

写真を見て、正しく表している語を選んでください。

1-1.

(A) sweeping
(B) facing each other
(C) browsing
(D) wearing glasses

1-2.

(A) sweeping
(B) facing each other
(C) browsing
(D) wearing glasses

1-3.

(A) sweeping
(B) facing each other
(C) browsing
(D) wearing glasses

1-4.

(A) sweeping
(B) facing each other
(C) browsing
(D) wearing glasses

2-1.

(A) adjusting
(B) examining
(C) pouring
(D) loading

2-2.

(A) adjusting
(B) examining
(C) pouring
(D) loading

2-3.

(A) adjusting
(B) examining
(C) pouring
(D) loading

2-4.

(A) adjusting
(B) examining
(C) pouring
(D) loading

3-1.

(A) podium
(B) curb
(C) canopy
(D) beverages

3-2.

(A) podium
(B) curb
(C) canopy
(D) beverages

3-3.

(A) podium
(B) curb
(C) canopy
(D) beverages

3-4.

(A) podium
(B) curb
(C) canopy
(D) beverages

4-1.

(A) pier
(B) drawer
(C) intersection
(D) bin

4-2.

(A) pier
(B) drawer
(C) intersection
(D) bin

4-3.

(A) pier
(B) drawer
(C) intersection
(D) bin

4-4.

(A) pier
(B) drawer
(C) intersection
(D) bin

解答解説

知らない単語があって当たり前。知らなければ増やすのみです。

1-1.

1-2.

1-3.

1-4.

1-1. 正解 B facing each other 向かい合っている

1-2. 正解 C browsing 見てまわっている

1-3. 正解 A sweeping 掃いている

1-4. 正解 D wearing glasses メガネをかけている

(B) facing は「〜のほうを向いている」の意味があります。(C) browsing は「買う気ない かもなー」という状況です。買う気がありそうな写真なら checking / examining（調べ ている）です。 (D) wearing は「身に着けている状態」。まさに着ようとしているところ なら putting on です。

2-1.

2-2.

2-3.

2-4.

2-1. 正解 D loading　積み込んでいる

2-2. 正解 A adjusting　調節している

2-3. 正解 C pouring　注いでいる

2-4. 正解 B examining　調べている

(D) loading は荷物を積み込む写真で頻出。逆に荷物を降ろしている場合は unloading です。(C) pouring はお店のスタッフが serving（提供している）という出題例もあります。

3-1.

3-2.

3-3.

3-4.

3-1. 正解 **D** beverages 飲み物

3-2. 正解 **A** podium 演壇

3-3. 正解 **B** curb 縁石

3-4. 正解 **C** canopy 天蓋

(D) beverage は drink を難しくした単語。(B) curb は道路の写真で出てきます。(A) podium と (C) canopy は日常ではあまり見ないものですが、何度も出題例があります。

4-1.

4-2.

4-3.

4-4.

4-1.	正解	C	intersection	交差点
4-2.	正解	D	bin	ゴミ入れ
4-3.	正解	A	pier	桟橋
4-4.	正解	B	drawer	引き出し

(C) intersection はほかに crossing / crossroad も同じ意味です。(A) pier は水辺で頻出の単語です。

ここで冒頭の「わくわくポイント」をもう一度見てみましょう。

セットして、切る

写真を見たら

を徹底してください。これが「セット」です。そのうえで写っていないものを切って
いきましょう。では、自信を持って実践問題へどうぞ。

攻略ルート **5** 実践問題

🔊 020-021

1.

2.

3.

4.

5.

6.

解答解説

この本を学習する前とは違った解き方ができているはずです。それが成長です。

1. 正解 **C** ◀)) 020 🇨🇦

(A) She's using a knife.
(B) She's wearing glasses.
(C) She's opening a drawer.
(D) She's washing some dishes.

(A) 彼女は包丁を使っている。
(B) 彼女はメガネをかけている。
(C) 彼女は引き出しを開けている。
(D) 彼女は何枚かの皿を洗っている。

> 人→進行形→ be のあと集中！のスタンスで聞きましょう。さらに、写っていない (A)
> knife、(B) glasses、(D) dishes を切れれば正解が導けます。

2. 正解 **D** ◀)) 021 🏴

(A) They're carrying a cart.
(B) They're adjusting a ladder.
(C) They're taping a label.
(D) They're loading a box.

(A) 彼らはカートを運んでいる。
(B) 彼らははしごを調節している。
(C) 彼らはラベルを貼っている。
(D) 彼らは荷物を積んでいる。

> こちらも人＋進行形の問題。練習問題 3 の 2-1 に出てきた loading を聞き取れたら、自
> 信を持って (D) を選んでください。

□ ladder 图 はしご　□ tape 動 ～を貼る

3. 正解 **A** ◀)) 022 🇬🇧

(A) A man is facing a display case.
(B) A man is filling a bottle.
(C) A man is paying cash.
(D) A man is taking off his jacket.

(A) 男性は陳列ケースに向かい合っている。
(B) 男性はボトルを満たしている。
(C) 男性は現金を支払っている。
(D) 男性は上着を脱いでいる。

> (A) を残して最後まで聞けたらすごい！ (B) bottle →写っていない。(C) paying →払って
> いない。(D) jacket →脱いでいない。そして確かに向かい合ってるわ、で (A) が正解です。

□ fill 動 ～を満たす　□ cash 名 現金

4. 正解 **C** ◀)) 023 🇺🇸

(A) A man is writing on a notepad.
(B) A man is picking up some
　　documents.
(C) The cupboard door is open.
(D) The drawers are full of utensils.

(A) 男性はメモ帳に書き込んでいる。
(B) 男性は文書を手に取っている。
(C) 食器棚の扉が開いている。
(D) 引き出しは調理器具でいっぱいだ。

> 「人」と見せかけて実は「物」のパターンです。(A) は書いていない、(B) は文書を手に取ろ
> うとしていない、(D) は調理器具が写っていない、で切れれば正解を導けます。

□ notepad 名 メモ用紙　□ cupboard 名 食器棚　□ utensil 名 調理器具

041

5. 正解 **B** 🔊 024

(A) A car is parked by the tree.
(B) A cart is left on the curb.
(C) Plants are being watered by a crew.
(D) Tires of the cart are being replaced.

(A) 1台の車が木の近くに停められている。
(B) 1台のカートが縁石の上に置かれている。
(C) 作業員によって植物に水がまかれている。
(D) カートのタイヤが交換されている。

「物」しか写っていない写真なので、受動態で待ちます。(C) と (D) は複雑に聞こえますが、同じく受動態としてさばいてください。

□ crew 名 作業員　□ replace 動 ～を交換する

6. 正解 **B** 🔊 025

(A) A car is passing by the yard.
(B) There are some bins along the street.
(C) The boxes are being arranged by a worker.
(D) One of the bins is filled with bottles.

(A) 1台の車が庭の横を通っている。
(B) ゴミ入れが通りに沿って置かれている。
(C) 箱が作業員によって並べられている。
(D) ゴミ入れの1つは瓶で満たされている。

進行形、受動態、存在文が混在した問題です。これも写っていない (A) 車、(C) 作業員、(D) 瓶を切れれば正解が出ます。存在文に反応できていたら Part 1 の待ち方は完成に近づいています！

□ pass 動 通る　□ bin 名 ゴミ入れ

　本書を学習し終えたあとに、さらに力を積み上げたい、という方向けに学習法を紹介します。どのパートも「ゼロからリスニング」オリジナルで力がつく勉強法です。ぜひ参考にしてください。

　リスニングの勉強でまず気をつけたいのは各パートの配分です。あらためて各パートの問題数は右の通りです。

Part 1	6 問
Part 2	25 問
Part 3	39 問
Part 4	30 問

　Part 1 の勉強は大切ではありますが、活かせるのは 100 問中 6 問。つまり、多くの時間を投資すべきパートではありません。したがって、ほかのパートに応用できる勉強法が求められます。

　そこでオススメしたいのが「前置詞」の学習です。たとえるなら、前置詞はコーヒーに追加されるフレーバーです。もちろんブラックでも飲むことは可能ですが、チョコレートソースやヘーゼルナッツの風味を加えることで香りの幅が広がります。

これを Part 1 で見てみましょう。例題 2 の写真と共に振り返ります。

A car is parked. （車が停められている）
だけでも内容はわかりますが、
A car is parked on the street. （車が通りに停められている）になると状況がより具体的に把握できます。

　前置詞のそれぞれの訳を覚えることはオススメしません。たとえば「in」を「〜の中に」と覚えても、すぐに限界がきてしまいます。

• There are some vegetables in the fridge.
（冷蔵庫の中に野菜がある）

は対応できても、

• Dinner will be ready in ten minutes.
（あと 10 分で夕食です）

になると話が別になってきます。

　前置詞は状況に依存する品詞で、だからこそイメージしづらいというのが一般的な学習者の印象でしょう。

　しかし、そのイメージをリアルに学習できるのが Part 1 です。たとえば「on」はよく「接触」の前置詞として説明され、参考書では左の図のように載っています。一方Part 1 では、右の図のように車輪と縁石の接触具合がよりリアルに把握できます。

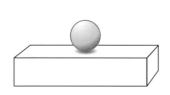

　カートの重みでタイヤがぐっと縁石に押し付けられているこのイメージを覚えておいてください。たとえば別のパートで Today's special is on the board.（今日のオススメはボードにございます）という文が出てきたとき、黒板的なものにオススメが書いてあったり、貼ってあったりといった情景を描くのに役立ちます。

　具体的には、Part 1 の復習をするときに、正解の英文の前置詞にマーカーを引き、写真の中でどう表現されているかを確認してください。「これが by（〜の近く）の距離感か」「over（〜の上に）が覆う感じってこういうふうになってるのか」と感じられれば十分です。

　ほかに重要なのは、やはり単語です。Part 1 特有のボキャブラリーが確かにあり、ある程度はそれを覚える必要があります。本書で出てきた単語は確実に覚えてください。また、知らない単語が出た場合は、辞書や単語帳で調べるだけでなく Google の画像検索で写真を確認することで、さらに Part 1 対策を強化することができます。

Part 2

Part 2 で学ぶ内容はのちの Part 3・4 にも活きてきます。つまりここで力をつけることがリスニングセクション全体に影響します。早速見ていきましょう。

攻略ルート 1 問題を知る

1 つの質問と、それに対する 3 つの応答が流れます。 3 つの応答から最も自然なものを選びます。

問題の外見

問題数	>	**25** 問
選択肢の数	>	3
目標正答数	>	**24** 問
時間	>	**約 8** 分
Directions	>	**約 30** 秒

問題の中身

Part 2 質問文の内訳

- 選択 5%
- 否定疑問文 6%
- 付加疑問文 7%
- 提案・勧誘・依頼 10%
- 平叙文 13%
- 疑問詞 44%
- Yes/No 文 15%

この Part は疑問詞（Wh-/How）の問題と Yes/No 文（be 動詞、助動詞）の問題が約 60% を占めています。この 2 つを攻略するのがスコアアップの近道です。

 **わくわくPoint**

切る、残す、さらに残す

ロックバンド U2 の名盤 *All That You Can't Leave Behind* をあえて意訳すれば「それでも君に残ったすべて」でしょうか。Part 2 でも you can't leave behind なもの、つまり残さざるを得ないものが正解です。

攻略ルート **2** 問題を解く

本番と同じ難易度の例題です。Part 2 で出題される定番問題を用意しました。早速やってみましょう。

例題 ◀•)) 026-027

1. Ⓐ Ⓑ Ⓒ

2. Ⓐ Ⓑ Ⓒ

攻略ルート **3** 対策を練る

例題・解答解説

1. 正解 C ◀•)) 026

① 疑問詞

🇦🇺 What's in that box by the door?

🇬🇧 (A) On the top shelf, please.
　　(B) I don't think so.
　　(C) Mostly stationery.

② 選択肢は 3 つ

ドア付近の箱の中身は何ですか。

(A) 棚の上にお願いします。
(B) 私はそうは思いません。
(C) ほとんど文具です。

③ 誤答はトンチンカンな内容

2. 正解 B ◀•)) 027

④ Yes/No 疑問文

🇺🇸 Did you make the reservation for dinner?

🇨🇦 (A) OK, see you then.
　　(B) Yes, we should be there at seven.
　　(C) I ordered the chicken.

⑤ dinner と chicken でひっかけ

ディナーの予約はしましたか。
(A) わかりました、ではまた。
(B) はい、7時にそこで会いましょう。
(C) 私はチキンを注文しました。

□ shelf 图 棚
□ stationery 图 文具
□ reservation 图 予約

　質問文の60%は前ページの①か④のパターンです。また③⑤から誤答がトンチンカンであること、ひっかけがあることがわかります。このように質問文を把握して誤答をうまく切ることがPart 2攻略の王道です。切り方については57ページで詳しく紹介します。

　ここまでで述べたように、選択肢に対する戦略は「誤答を切ること」です。Part 2は唯一の3択パートですから、選択肢を2つ切ればおのずと正解が出るわけです。「いかに切るか」がものを言います。

　一方で、質問文に対する戦略は「すべて聞く」です。

　まとめると、

Q What time will the conference begin? ← すべて聞き取る！
　(A) I was just a beginner.
　(B) Ten o'clock in the morning. ← 誤答を切る！
　(C) We can use a shuttle bus.

の姿勢で解答します。しかし高速で流れる英文をすべて聞き取るのは至難の業。そこで質問文をパターン化して理解します。言い換えれば、「速くて何言ってるかわからない！」状態を、「これ聞いたことある」と自分の知っている状況に持っていくのです。「聞いたことある」状態にするには当然、練習と経験が必要ですが、次のルート4でその経験値を効率よくためていきましょう。曲のワンフレーズ「ブレーキランプ5回点滅」だけで何を意味するかわかるように、質問文の一語（多くは文頭）を聞けば、何の問題かがわかるようになります。右も左もわからないアウェイな状況を勝手知ったるホームに持っていく、そして誤答の選択肢を切る、この2つの戦略でPart 2対策を盤石なものにしましょう。

訳：会議は何時に始まりますか。
　(A) 私はまったくの初心者でした。
　(B) 午前10時です。
　(C) 私たちはシャトルバスを利用できます。

質問文の頻出パターンを表にまとめました。

	パターン	説明
1	疑問詞	Wh-/How で始まる文
2	Yes/No 文	be 動詞、助動詞で始まる文
3	提案・勧誘・依頼文	相手に何かを頼む、または依頼する文
4	平叙文	文末に「?」のつかない普通の文
5	選択	選択肢を提示する文
6	否定・付加疑問文	文頭に not のついた文・何かを確認する文

疑問文の語順

　表の 4 以外はすべて疑問文で出題されます。その割合は実に 90% 近く。まずは疑問文を文法的に理解し、次にどんな語が来るかを予測して聞ける状態を作りましょう。この対策で正解の聞きどころが明確になります。では、例題を解きながら語順を把握してください。

例題　次の英文を疑問文にしてください。

① You are busy on Monday.　　　　あなたは月曜日に忙しいです。
② She is a dentist.　　　　　　　　彼女は歯科医です。
③ He was a plumber before.　　　　彼は以前、配管工でした。
④ Tom can drive a car well.　　　　トムは上手に車を運転できます。
⑤ Kate will visit the editor.　　　　ケイトはその編集者を訪れる予定です。
⑥ Susan should check the e-mail.　　スーザンはそのメールを確認すべきです。
⑦ Bob is talking on the phone.　　　ボブは電話で話しています。
⑧ We have already got the tickets.　私たちはもうそのチケットを持っています。
⑨ You play tennis.　　　　　　　　あなたはテニスをします。
⑩ She goes to the office on Saturday.　彼女は土曜日にオフィスに行きます。
⑪ He paid the fee yesterday.　　　　彼は昨日その料金を払いました。
⑫ I have a meeting today.　　　　　私は今日会議があります。

実際にペンを持って疑問文を作ってみましょう。

| 例題・解答解説 |

解答	文の構成
① Are you busy on Monday? ② Is she a dentist? ③ Was he a plumber before? ④ Can Tom drive a car well? ⑤ Will Kate visit the editor? ⑥ Should Susan check the e-mail? ⑦ Is Bob talking on the phone? ⑧ Have we already got the tickets?	①～⑧の疑問文は1語目と2語目の単語が入れ替わっただけです。つまり、be動詞・助動詞・進行形・完了形の文は1、2語目の語順を逆にすればOKです。
⑨ Do you play tennis? ⑩ Does she go to the office on Saturday? ⑪ Did he pay the fee yesterday? ⑫ Do I have a meeting today?	⑨～⑫の疑問文は英文にDo/Does/Didがついただけです。つまり、一般動詞の英文は文頭にDo/Does/DidをつければOKです。

① (②～⑧)　You are busy on Monday.

 入れ替えただけ。

Are you busy on Monday?

⑨ (⑩～⑫)　You play tennis.

 Do がついただけ。

Do you play tennis?

　以上のように、疑問文の作りはシンプルです。**「入れ替わり」**または**「Do のあとは主語＋動詞」**と待ち構えておけば落ち着いて質問文を聞くことができます。次ページから、さらに詳しく質問文のパターンを見ていきます。

Part 2 質問文の半数弱（約 45%）が疑問詞（Wh-/How）を使ったものです。そして、**疑問詞は必ず文頭**に登場します。その後の語順は前ページで確認した疑問文の通りなので、1 語目に集中することが大切です。たとえば、

① **When** did you go? （いつ行ったのですか）

② **Where** did you go? （どこへ行ったのですか）

の 2 文は色文字以外同じです。

当然、この部分が一番重要になります。また、文頭にどの疑問詞がくるかによって応答も変わります。

① **When** did you go?

→ The day before yesterday. （おとといです）

② **Where** did you go?

→ I went to the airport to see my colleagues off.
（同僚を見送りに空港まで行きました）

もちろん、本番の問題はもう少し複雑です。ここであいまいに「そんな甘くないですよ」と言っても何の役にも立たないので、どう複雑なのかをはっきりさせていきましょう。

Q What time does the meeting start? （会議は何時に始まりますか）

(A)　At 2 P.M., I heard. （午後 2 時からと聞きました）

(A2) Actually it was canceled. （実はキャンセルになったんです）

複雑なのはもちろん (A2) ですね。「What time の疑問詞、聞き取れた！ さあ何時って答えるかな?」とピュアな気持ちで待っていると、正解の (A2) は選べません。Where なら場所、When なら時のように**疑問詞に対して素直に答えない**、これが「本番あるある」の複雑さです。逆に言えばこれを把握していれば、本番で十分に対応できます。

PART 2

日本語で考えてみます。

Q ご予約はされましたか。

   (A) メニューをお持ちしました。

   (B) ホテル内にございます。

   (C) はい、6 名でしています。

正解は (C) ですよね。気をつけたいのは「はい」「いいえ」で答えられるか。具体的に言えば

Did you go there? (そこへ行ったのですか)

のような文です。

Yes, I did. (はい、行きました) / **No, I didn't.** (いいえ、行っていません)

と答えられます。これが Yes/No 疑問文です。

ここで押さえたいのが「パターン 1・疑問詞」との差別化です。

Q あなたの誕生日はいつですか?

   (A) はい、その日ならうかがえます。

   (B) 4 月 17 日です。

   (C) いいえ、私は行かない予定です。

Q は「いつ (When)」で尋ねているので、Yes/No で解答している応答は即不正解となります。「いつ?」に対して「はい」と答えても返事になってないですよね。つまり、**Yes/No 文と疑問詞を理解することで疑問詞問題の不正解切りを洗練させます。**

また、51 ページで述べた疑問詞のように Yes/No 疑問文にも Yes/No で答えないパターンがある、という点も重要です。

Q Does the hotel have a large conference room?
   (そのホテルに大会議室はありますか)

   (A1) Yes, they do. (ええ、あります)

   (A2) Let me check the Web site. (ウェブサイトを確認します)

質問文のパターン3 提案・勧誘・依頼文

　文字通り、相手に対して提案、勧誘、依頼する文です。ただ、「えっと、これは提案で、あれは勧誘で」と分ける必要はありません。出題される表現は決まっているので、頻出パターンを覚えておけば OK です。

　たとえば、パターン1・疑問詞の Why の応答は、約半数が Because ~（なぜなら～）/ To ~（～するため）の形で理由を答えるものが正解になりますが、

Why don't you take a break?（休憩を取ってはどうですか）

という質問だと、Because ~ / To ~ を待っていても正解できません。この場合は聞き方をパターン3にシフトしてください。なお、提案、勧誘、依頼文の頻出フレーズは、練習問題9で紹介します。

質問文のパターン4 平叙文

　Part 2 の質問文は 90％近くが疑問文ですが、残りの 10％強が平叙文です。平叙文とは

I heard our business trip was postponed.（出張は延期されたそうです）

のように「?」のつかない文です。「?」のない文にはどう返しているかを見てみましょう。

Q　The weather forecast for tomorrow calls for rainy.
　　（天気予報では明日は雨のようです）
　　(A) I called the office yesterday.（私は昨日オフィスに電話しました）
　　(B) You can request a wake-up call.（モーニングコールを頼めますよ）
　　(C) Will the company picnic be postponed?
　　　　（社のピクニックは延期されますか）

　正解は (C)。(C) が疑問文で返しているところがポイントです。合わせて (A)(B) がふさわしくないという点もチェックを。すべての平叙文が「?返し」をするわけではないですが、平叙文の場合は「疑問文で返す」が正解になることも把握しておきましょう。

　オプション（＝選択肢のこと。TOEIC で option は選択肢として頻出単語です）を 2 つ提示する文です。あなたが次の質問をされたらどう解答するでしょう？　一番近いものを選んでください。

Q　昼食は食べに出たいですか、それとも何か買ってきましょうか。

　(A) できれば、ここで食べたいです。

　(B) オフィスの向かいに新しいお店ができたそうです。

　(C) 今おなかがすいてないんです。

　どれもあり得る回答です。ちなみに私は (B) ですが、もしあなたが (C) を選んでいれば、選択問題は恐れるに足らずです。何が言いたいかというと「素直に 2 つの選択肢から選ぶ」よりも、「どちらでもいい」「どちらも選ばない」が選択問題の世界線だからです。

　英文になっても難しくはありません。次の例文のように、必ず「or」が使われています。

Did you attend the meeting at the office **or** online?
（会議はオフィスで参加しましたか、それともオンラインでの参加でしたか）

　この場合、どちらかを答えるだろうと予想しがちですが、正解は

Actually, I didn't attend the meeting.（実はその会議には参加してないんです）

などの「どちらも選ばない」「どちらも」が正解になります。

　理屈はわかっていても英語になると不安、という方もいるかもしれません。でもご心配なく。練習問題で「素直に片方を選ぶ」パターンも含めてトレーニングします。この演習を通して

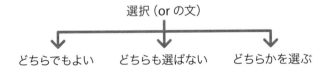

選択（or の文）

↓　　　　　　↓　　　　　　↓
どちらでもよい　　どちらも選ばない　　どちらかを選ぶ

の思考パターンが身につきます。

　文頭を「n't」（not の短縮）の否定形で尋ねる英文です。「〜ではないのですか」と訳します。しかし、この not は無視して OK です。たとえば、

Isn't the library closed on Monday? を

→「月曜は図書館が閉まっているのでは**ないですか**」と訳しても

→「月曜は図書館が閉まっていますか」と訳しても聞いていることは同じです。

とはいえ、過去にこんな勉強をした方もいるかもしれません。

Q　Don't you need a paper bag? (紙袋は要りませんか)

　① Yes, give me one. (いや、1 つください)

　② No, I don't need it. (はい、必要ありません)

　いわゆる「否定疑問で聞かれたら Yes/No が逆になる」というやつです。文法的に Yes のあとには肯定文、No のあとには否定文と習った人もいるでしょう。

　だとしたら正解はどう選べばいいんだ?と思った方、実際にはこのように出題されます。

Q　Don't we still need to change the color of the logo?
　(そのロゴの色はまだ変える必要がないのですか)

　(A) I know the caller. (私はその電話をかけた人を知っています)

　(B) Please exchange this money. (このお金を両替してください)

　(C) No, it's already changed. (**必要ありません**、もう変わりました)

　正解は (C) ですが、No があるからといって it's ... が否定文になっているわけではありません。内容的に「必要ないよ」と否定なだけです。つまり、すでに述べたように n't の否定は無視し、**選択肢を選ぶ際も Yes/No の訳出にこだわらないでください。重要なのは Yes/No のあとの内容**です。またそもそも Yes/No を用いずに I've just changed it this morning. (今朝変えておいたよ) のようなパターンが正解になる場合もあります。

PART 2

付加疑問文

　昔、イギリス人男性と一緒に働いていたとき、彼がしきりに「伊豆に」「伊豆ね」と言うので、よっぽど伊豆に行きたいんだねと思っていました。が、この「伊豆」の正体は「isn't it?」で、ただの付加疑問文でした。早合点せず彼に確認すればよかったのですが、この付加疑問文は「〜ですよね」と念を押したり、確認したり、という表現です。

　まず付加疑問文がどう作られるかを見てみましょう。次の文の won't they? が付加疑問です。

（新しいインターン生が来週訪ねてくるんですよね?）

(A) Yes, I look forward to working with them. （はい、一緒に働くのが楽しみです）

(B) You can use the Internet. （インターネットをご利用いただけます）

(C) We have lots of visitors today. （今日は訪問者がたくさん来る予定です）

　結論から言えば、否定疑問文と同じく付加疑問の部分も無視して大丈夫です。この場合の正解は (A) で、付加疑問文だからといって、応答が特に複雑になることもありません。シンプルに平叙文扱いで解答してください。

　ではなぜ、ここで付加疑問文の作り方を学んだのか。それは文法的な点でリスニングに応用できるからです。たとえば仮に interns が聞き取れなかったとしても、後半の they で主語が複数であったとわかります。また will を聞き逃しても won't が聞ければ主語の後ろは will だったんだとわかります。このように、付加疑問を前半のおさらい、ヒントとして利用することができます。

ここまで、現時点で試験に出る質問文のパターンをすべて紹介しました。では実際に問題を解いていきましょう。1つお願いです。問題ごとにこれがどのパターンの問題であるかを意識的に考えてください。ただやみくもに多くの問題をこなすよりも、それぞれの問題がどのパターンの問題かを考えることで、問題のクセが少しずつわかるようになります。

　サッカーをするならスパイク、ビーチに行くならサンダル、商談なら革靴などその場に合わせた靴を選ぶように、質問文がどんなカテゴリの問題かを考えることで、これを選んでおけば間違いないという「安心の選択肢」が選べるようになっていきます。

　「正解を選ぶだけでも大変なのに、パターン分けなんて……」と心配している方はどうぞ恐れずに。練習問題には「これだけやればそりゃできるようになるよ」という数の問題をパターンごとに用意しました。以下の〈注：選択肢の切り方について〉に必ず目を通し、この演習でゼロから上級者まで一気に駆け上がってください。

〈注：選択肢の切り方について〉

　47ページの「dinner と chicken でひっかけ」で見たように、出題者はそれっぽい語を誤答の選択肢に入れてひっかけてきます。それっぽい語のパターンは「似た音」と「誤連想」の2つです。具体的に見てみましょう。

　似た音：coffee と copy など発音の似たもの
　誤連想：coffee と milk など、いかにも関連がありそうな語

　逆に考えれば、これらの語をダミーとして切れれば正解が残ります。すべての問題にこうしたひっかけがあるわけではありませんが、練習問題の中にそういった語を散りばめていますので、問題を解きながら「選択肢切り」を実践してください。

① 空所に聞こえた音声を書き入れてください。[ ] には短縮した語 (例：He's) が入ります。

🔊 028-031

1. (　　　　　　) (　　　　) the (　　　　　　　) take place?

2. (　　　　　　) (　　　　) (　　) (　　　　　　) my
bicycle around the station?

3. (　　　　　　) (　　　　　) (　　　　　) get the schedule for
the (　　　　　) in the park?

4. [　　　　　　] the (　　　　　　) section?

---

② 音声と上記の英文を参考に、適切な応答を選んでください。

🔊 032-035

1. Ⓐ Ⓑ Ⓒ

2. Ⓐ Ⓑ Ⓒ

3. Ⓐ Ⓑ Ⓒ

4. Ⓐ Ⓑ Ⓒ

練習問題2

① 空所に聞こえた音声を書き入れてください。[　]には短縮した語（例：He's）が入ります。

◀)) 036-039

1. (　　　　) (　　　　　　) the clinic move?

2. (　　　　) (　　　　　) (　　　　) (　　　　　) about
Ms. Baxter's promotion?

3. (　　　　) (　　　　) (　　　　) (　　　　　　) the
quarterly sales report?

4. (　　　　) (　　　　　　) the theater's new sound system
(　　) installed?

---

② 音声と上記の英文を参考に、適切な応答を選んでください。

◀)) 040-043

1. Ⓐ　Ⓑ　Ⓒ

2. Ⓐ　Ⓑ　Ⓒ

3. Ⓐ　Ⓑ　Ⓒ

4. Ⓐ　Ⓑ　Ⓒ

解答解説

　練習問題 1 の疑問詞は Where でした。素直に場所を答えるものから、やや含み を持たせた返し方まで正解のパターンに幅があります。

※ 英文の •••• は誤連想、―― は似た音を表しています。

1. 正解 **C** 🔊 028, 032

🇬🇧 (Where) (will) the (interview) take place?

🇺🇸 (A) Oh, I didn't know that.
(B) It has an excellent view.
(C) The conference room.

どこで面接は行われるのですか。

(A) ああ、私はそれを知りませんでした。
(B) 素晴らしい景色があります。
(C) 会議室です。

> Where は Part 2 で平均 2 回登場しますが、初めの Where は比較的ストレートに場所を 答えるものが正解になる傾向があります。

□ take place 行われる　□ excellent 形 素晴らしい　□ conference room 名 会議室

2. 正解 **A** 🔊 029, 033

🇨🇦 (Where) (can) (I) (leave) my bicycle around the station?

🇦🇺 (A) I saw racks by the west exit.
(B) Five or six stops from here.
(C) By express train.

駅周辺ではどこに自転車を停められますか。

(A) 西口の近くでラックを見ましたよ。
(B) ここから 5 または 6 つめの駅です。
(C) 特急列車で。

> 1 と同じく Where ＋助動詞＋主語の語順に慣れるための問題です。(A)「ラックを見まし たよ (だからそこに停められますよ)」の (　) の部分に慣れることが Part 2 スコアアップ の 1 つのポイントです。

□ rack 名 台、ラック　□ stop 名 停留所、駅　□ express 形 特急の

3. 正解 **B** 🔊) 030, 034

🇬🇧 (Where) (did) (you) get the
schedule for the (festival) in
the park?

その公園の祭りのスケジュールはどこで手に
入れたのですか。

🇨🇦 (A) At nine in the morning,
I think.
(B) It came in the mail.
(C) All right, I'll check right away.

(A) 午前 9 時だと思います。
(B) 郵便で来ました。
(C) わかりました。すぐ確認します。

> Where＋助動詞＋主語の待ち姿勢を作れたか確認しましょう。
> festival → (A) 9 時
> schedule → (C) 確認
> のひっかけも注意です。

□ festival 图 祭り、祝祭

4. 正解 **B** 🔊) 031, 035

🇺🇸 [Where's] the (gardening)
section?

ガーデニングコーナーはどこですか。

🇦🇺 (A) Yes, it's getting warmer.
(B) On the ground floor.
(C) I grew them in my garden.

(A) はい、だんだん暖かくなっています。
(B) 1 階です。
(C) 自分の庭でそれらを育てました。

> Where のあとに短縮が来る場合はほぼ Where is の短縮です。
> gardening（ガーデニング）などの聞き取りやすい語こそ、ひっかけの対象になります。

□ ground floor 图（おもに英国で）1 階

解答解説

　When も Where と並び、よく出題される疑問詞の代表格です。When のあとの語順も Where とパターンは同じ。正解も「いつ」に対して単に日時を答えるものと、明確に述べずに応答するものになっています。

1. 正解 **A** 🔊 036, 040

🇨🇦 (When) (did) the clinic move?

🇺🇸 (A) In September.
　 (B) All of their furniture.
　 (C) Since it's nearby.

その医院はいつ移転したのですか。

(A) 9 月です。
(B) 家具すべてです。
(C) 近所だったからです。

> When＋助動詞＋主語の語順です。聞き取りやすい move「引っ越す」から (B)「家具」、(C)「近所」といかにもワードでひっかけています。

□ clinic 图 医院、クリニック

2. 正解 **B** 🔊 037, 041

🇬🇧 (When) (were) (you) (told) about Ms. Baxter's promotion?

🇦🇺 (A) We had a great time.
　 (B) About a week ago.
　 (C) A few staff members.

Baxter さんの昇進についていつ聞きましたか。

(A) とても良い時間を過ごしました。
(B) 1 週間前です。
(C) 数名のスタッフです。

> When＋be＋主語の語順ですが、後ろに told が続いて受動態（be＋p.p.）になっています。正解 (B) は素直に日時を答えるパターンでした。

□ promotion 图 昇進

3. 正解 **C** ◀)) 038, 042

🇦🇺 (When) (will) (you) (finish)
the quarterly sales report?

🇺🇸 (A) On the fifth page.
(B) A new sales manager.
(C) I'm nearly done.

四半期の売上報告書はいつ終わりますか。

(A) 5 ページにあります。
(B) 新しい営業部長です。
(C) ほとんど終わっています。

> 問題 2 から一転して未来形の質問文ですが、Part 2 では、質問文と正解の選択肢で時制が一致するとは限りません。will を聞き取れたとしても「未来表現」待ちは NG です。

□ quarterly 形 四半期の　□ nearly 副 ほとんど、もう少しで

4. 正解 **A** ◀)) 039, 043

🇨🇦 (When) (will) the theater's
new sound system (be)
installed?

🇬🇧 (A) That hasn't been decided.
(B) Another piece of equipment.
(C) There's still a seat up front.

劇場の新しい音響装置はいつ設置されるのですか。

(A) まだ決まっていません。
(B) もう 1 つの機器の部品です。
(C) まだ前に席があります。

> When ＋助動詞のあとの主語が長い質問文でした。(A) が正解かな?と思いつつ (B) (C)のひっかけを切れていたとしたら Part 2 の解き方が仕上がりつつあります！

□ theater 名 劇場　□ install 動 ～を設置する、導入する　□ equipment 名 機械、装置

① 空所に聞こえた音声を書き入れてください。[   ] には短縮した語 (例 : He's)
が入ります。

◀») 044-047

1. (   ) (   ) (   ) Mr. Zhao call?

2. (   ) (   ) the (   ) about?

3. (   ) (   ) (   ) (   ) apply for?

4. [   ] the (   ) (   ) to get a hold of
you while you're away?

② 音声と上記の英文を参考に、適切な応答を選んでください。

◀») 048-051

1. Ⓐ Ⓑ Ⓒ

2. Ⓐ Ⓑ Ⓒ

3. Ⓐ Ⓑ Ⓒ

4. Ⓐ Ⓑ Ⓒ

練習問題 4

① 空所に聞こえた音声を書き入れてください。[　] には短縮した語 (例：He's) が入ります。

🔊 052-055

1. (　　　　) (　　　　) (　　　) organizing the company picnic?

2. (　　　　) (　　　　　) the package to the (　　　　)
   (　　　　　)?

3. (　　　　) (　　　) our contact at the local (　　　　　)
   (　　　　)?

4. [　　　　　] (　　　　　　　) for restocking the vending machines in the lobby?

---

② 音声と上記の英文を参考に、適切な応答を選んでください。

🔊 056-059

1. Ⓐ Ⓑ Ⓒ

2. Ⓐ Ⓑ Ⓒ

3. Ⓐ Ⓑ Ⓒ

4. Ⓐ Ⓑ Ⓒ

解答解説

What は 2 つのパターンで出題されます。

① What **do you like?** (あなたは何が好きですか)

② What **sport do you like?** (あなたはどんなスポーツが好きですか)

つまり What の直後に名詞が来たら「どんな」と訳します (What time は「何時」)。出題比率は、What：What＋名詞＝ 6：4 です。

※ 英文の ＝＝＝＝ は誤連想、＝＝＝ は似た音を表しています。

1. 正解 **B** ◀) 044, 048

(What) (time) (did) Mr. Zhao
call?

(A) A pair of headphones.
(B) Just before eight.
(C) For someone in maintenance.

Zhao さんは何時に電話しましたか。

(A) 1 組のヘッドホンです。
(B) 8 時ちょっと前です。
(C) メンテナンス部の誰かにです。

> What＋名詞のパターンです。その後の語順も Where/When と同じです。

□ maintenance 名 メンテナンス、維持管理

2. 正解 **C** ◀) 045, 049

(What) (was) the (seminar)
about?

(A) It started at about ten o'clock.
(B) No, it wasn't.
(C) Customer service strategies.

そのセミナーは何についてでしたか。

(A) だいたい 10 時に始まりました。
(B) いいえ、そうではありませんでした。
(C) 顧客サービスの戦略です。

> What だけのパターンなので「何」と訳します。about は「約〜」「〜について」の意味があります。(B) は絶対に選んではいけない選択肢です。52 ページにあったように疑問詞の問題で Yes/No が出たら絶対に切ってください。
> 　Q. あなたの名前は「何」ですか。
> 　A. いいえ、そうではありませんでした。
> だとおかしいですよね。

□ customer 名 顧客　□ strategy 名 戦略

3. 正解 A ◀)) 046, 050

🏴󠁧󠁢󠁥󠁮󠁧󠁿 (What) (job) (did) (you)
apply for?

どんな職に応募したのですか。

🇺🇸 (A) An administrative position.
(B) To submit the form.
(C) They all worked very hard.

(A) 管理職です。
(B) 申込用紙を提出するためです。
(C) 彼らは皆とても熱心に働きました。

正解 (A) の administrative は聞き取りが難しいですが、質問文を理解し、(B) (C) のひっかけを見抜いて正解したい問題です。

□ administrative 形 管理の　□ position 名 職　□ submit 動 〜を提出する
□ form 名 申込用紙

4. 正解 B ◀)) 047, 051

🇨🇦 [What's] the (best) (way) to
get a hold of you while you're
away?

あなたがいない間、あなたと連絡をとる一番良い方法は何ですか。

🏴󠁧󠁢󠁥󠁮󠁧󠁿 (A) Most people prefer to fly
there.
(B) I'll be checking my e-mail.
(C) Marlene received several
requests.

(A) ほとんどの人はそこに飛行機で行くのを好みます。
(B) メールをチェックします。
(C) Marlene がいくつかの要望を受け取りました。

難しい問題です。本番でもしこの手の難しい問題が出たら、(A) 〜 (C) のどれかを塗って次に集中！といった切り替えが必要な場合もあります。

□ get a hold of 〜と接触する、連絡をとる　□ prefer 動 〜を好む

解答解説

　Who で知っておくべき点は、Who runs the bakery?（誰がそのパン屋を経営していますか）のように Who が主語になる文です。この場合は Who のあとにすぐ動詞が来ます（現在形は 3 人称単数の s がつきます）。また、Who's と Whose の音は同じですが、韓国で発売されている TOEIC の過去問題集で Whose の出題は 1 回のみです。

1. 正解 **A**　🔊 052, 056

🇺🇸 (Who) (will) (be) organizing the company picnic?

🇦🇺 (A) Ms. Martinez.
　(B) I really appreciate that.
　(C) Probably next month.

誰が会社のピクニックの段取りをするのですか。

(A) Martinez さんです。
(B) 本当に感謝しています。
(C) おそらく来月です。

> Who＋助動詞＋be ～ の語順です。Who は Part 2 の 25 問で約 2 回出ますが、そのうち最初の Who の解答は、今回のように素直に名前や職業で返答するものが多いです。

□ organize 動 ～を取り仕切る、～の段取りをする

2. 正解 **C**　🔊 053, 057

🇦🇺 (Who) (took) the package to the (post) (office)?

🇬🇧 (A) Overnight shipping.
　(B) I'll do it for you.
　(C) One of the interns.

誰が小包を郵便局へ持っていったのですか。

(A) 翌日配送です。
(B) あなたにそれをしてあげますよ。
(C) インターンの 1 人です。

> Who のあとにすぐ動詞が来るパターンです。took が記入できていたら素晴らしい！ post office を空欄にしたのは、聞き取りやすい語こそひっかけにつながるからです。

□ package 名 小包　□ overnight shipping 名 翌日配送　□ intern 名 インターン生

3. 正解 **B** 🔊 054, 058

🇨🇦 (Who) (is) our contact at the local (television) (station)?

🇺🇸 (A) I watched it yesterday.
(B) Let me check my address book.
(C) The contract was signed.

地方テレビ局の連絡先は誰ですか。

(A) それを昨日見ました。
(B) アドレス帳を調べてみます。
(C) その契約は署名済みです。

PART 2

> television が聞こえた瞬間「ひっかけてくるかも」と一瞬でも思えたら、もう Part 2 慣れしています。具体的な名前や職を答えず、(B) のような応答が正解になるのは Part 2 の定番です。

□ contact 名 連絡先　□ local 形 地方の　□ television station 名 テレビ局
□ address book 名 アドレス帳、住所録　□ contract 名 契約　□ sign 動 〜に署名する

4. 正解 **A** 🔊 055, 059

🇬🇧 [Who's] (responsible) for restocking the vending machines in the lobby?

🇨🇦 (A) The front desk staff.
(B) Ours are in the storage room.
(C) From a new vendor.

ロビーにある自動販売機を補充する責任者は誰ですか。

(A) フロントのスタッフです。
(B) 私たちのものは貯蔵庫にあります。
(C) 新しい業者からです。

> Who is の短縮パターンです。Part 2 で Whose はまずないと考えて Who's 待ちで OK です。

□ be responsible for 〜に責任がある　□ restock 動 〜を補充する
□ vending machine 名 自動販売機　□ storage room 名 保管室、貯蔵庫　□ vendor 名 業者

① 空所に聞こえた音声を書き入れてください。[　] には短縮した語（例：He's）が入ります。

🔊 060-063

1. (　　　　) (　　　　) (　　　　) (　　　　　　) the train to work?

2. (　　　) (　　　　) (　　　　　) enrolling in the course?

3. (　　　) (　　　　) the (　　　　　) work been delayed?

4. (　　　) (　　) the (　　　　　) plugged in and still on the table?

---

② 音声と上記の英文を参考に、適切な応答を選んでください。

🔊 064-067

1. Ⓐ Ⓑ Ⓒ

2. Ⓐ Ⓑ Ⓒ

3. Ⓐ Ⓑ Ⓒ

4. Ⓐ Ⓑ Ⓒ

練習問題 6

① 空所に聞こえた音声を書き入れてください。[　]には短縮した語（例：He's）が入ります。

🔊 068-071

1. (　　　　　　) (　　　　　) (　　　　　) the top drawer of
the filing cabinet?

2. (　　　　　　) (　　　　　　) (　　) (　　　　　)
(　　　　) in?

3. (　　　　　　) (　　　　　　) (　　) (　　　　　)
(　　　　) better?

4. (　　　　　　) (　　　　　　) (　　　　) (　　　　)
(　　　　　) to get to the stadium?

---

② 音声と上記の英文を参考に、適切な応答を選んでください。

🔊 072-075

1. Ⓐ Ⓑ Ⓒ

2. Ⓐ Ⓑ Ⓒ

3. Ⓐ Ⓑ Ⓒ

4. Ⓐ Ⓑ Ⓒ

解答解説

　Why は理由を聞く疑問詞ですが、Part 2 では約半数が Because（なぜなら）、To（～するため）が正解になります。基本はこの 2 語を保険にかけながら、I needed to attend the meeting.（会議に出席する必要があったのです）など理由として正解になるものを残せば OK です。

※ 英文の ■■■■ は誤連想、── は似た音を表しています。

1. 　正解　**B**　🔊 060, 064

🇦🇺 (**Why**) (**did**) (**you**) (**take**) the train to work?

🇬🇧 (A) Yes, it works fine now.
　(B) Because my car broke down.
　(C) During the morning commute.

なぜあなたは仕事に行くのに電車を使ったのですか。

(A) はい、今は問題なく動いています。
(B) 私の車が故障したのです。
(C) 朝の通勤の間です。

> 疑問詞＋助動詞＋主語の語順にはもう慣れたことと思います。ひっかけを切りながら、Because を残します。

□ break down 動 故障する　□ commute 名 通勤

2. 　正解　**C**　🔊 061, 065

🇺🇸 (**Why**) (**are**) (**you**) enrolling in the course?

🇨🇦 (A) A professional photographer.
　(B) Yes, of course I will.
　(C) To learn about retail management.

なぜあなたはそのコースに参加するのですか。

(A) プロの写真家です。
(B) はい、もちろんそうするつもりです。
(C) 小売りの管理を学ぶためです。

> 練習問題 3 の問題 2（p. 66）にあったように、疑問詞に Yes/No で答えているものは即切ります。To ~ は Because に次ぐ Why の正解候補です。

□ enroll in ～に申し込む　□ retail 形 小売りの

3. 正解 **A** 🔊 062, 066

🇨🇦 (Why) (has) the (renovation) work been delayed?

🇺🇸 (A) Because some supplies aren't available.
(B) Ten minutes at most.
(C) A travel agent made my reservation.

なぜ改装作業は遅れているのですか。

(A) 部品がいくつか入手できないのです。
(B) かかっても 10 分です。
(C) 旅行代理店が私の予約をしてくれました。

(A) Because を残し、(B) (C) のひっかけを切れたら相当に力がついています！

□ renovation 图 改修

4. 正解 **B** 🔊 063, 067

🇬🇧 (Why) (is) the (projector) plugged in and still on the table?

🇦🇺 (A) Ms. Larkin wasn't able to.
(B) Because I'm giving a presentation soon.
(C) Anywhere on your left side, please.

なぜプロジェクターがついたままでまだ台の上にあるのですか。

(A) Larkin さんはできませんでした。
(B) 間もなく私が発表するのです。
(C) どこかあなたの左側にお願いします。

またしても Because です。Why が出たらサービス問題、と感じられれば Part 2 にも少し余裕が出てきますね。

□ plug in 〜（電気機器）をつなげる、（電源が）入る

解答解説

Which は What と同じく 2 パターンが出題されます。

① **Which** do you like? （あなたはどちらが好きですか）

② **Which sport** do you like? （あなたはどちらのスポーツが好きですか）

What が後ろに名詞を伴わない文のほうが多いのに対し、Which は「Which＋名詞」の語順が大半です。Which が聞こえたら後ろに名詞を待つ聞き方を身につけましょう。

1. 正解 **C** ◀)) 068, 072

■ (Which) (key) (opens) the top drawer of the filing cabinet?

ファイル棚の一番上の引き出しを開ける鍵はどちらですか。

▨ (A) No, it shouldn't be.
(B) Mike is the keynote speaker.
(C) The short one.

(A) いいえ、そんなはずはありません。
(B) Mike が基調講演者です。
(C) 短いほうです。

> Which＋名詞＋動詞の語順です。(A) は「鍵はどちら」に対して「いいえ」と答えているので即切ります。(B) の「似た音」も切って確実に正解したい問題です。

□ drawer 名 引き出し　□ cabinet 名 棚　□ keynote speaker 名 基調講演者

2. 正解 **B** ◀)) 069, 073

🇨🇦 (Which) (department) (do) (you) (work) in?

あなたはどちらの部署で働いているのですか。

■ (A) I'm working on one project.
(B) Customer service.
(C) Yes, the ninth floor.

(A) あるプロジェクトに従事しています。
(B) カスタマーサービスです。
(C) はい、9 階です。

> Which＋名詞＋助動詞の語順です。これくらいの長さがすべて聞き取れていれば相当に力がついています。(A) の「似た音」に気づいてカット、(C) も疑問詞に Yes なのでバッサリ切りましょう。

□ department 名 部署

3. 正解 **B** ◀» 070, 074

🇦🇺 (Which) (T-shirt) (do) (you)
(like) better?

どちらのTシャツのほうが好きですか。

🇨🇦 (A) Sure, I'd be happy to.
(B) The one with the stripe.
(C) We've sold both of them.

(A) もちろんです、ぜひとも。
(B) 縞模様のほうです。
(C) 両方売れてしまいました。

問題1との共通点に気づいたでしょうか。英語では繰り返しを避けるため、名詞を one で代用します。Which 問題の正解の候補として one を覚えておきましょう。

□ stripe 图 縞、ストライプ

4. 正解 **A** ◀» 071, 075

🇦🇺 (Which) (route) (did) (you)
(take) to get to the stadium?

競技場に行くのにどの道を使いましたか。

🇬🇧 (A) I drove there directly from
the hotel.
(B) Roughly five kilometers,
I think.
(C) The subway station isn't
close by.

(A) ホテルから直接運転して行きました。
(B) だいたい5キロくらいだと思います。
(C) 地下鉄の駅までは距離があります。

質問文を聞き取る練習をしてきた成果を試す問題です。(B) kilometers や (C) subway などのそれっぽい語に誘われなかったら自分を褒めてください。

□ route 图 道、ルート　□ directly 副 直接　□ roughly 副 おおよそ　□ close by すぐ近くに

① 空所に聞こえた音声を書き入れてください。[　] には短縮した語（例：He's）が入ります。

🔊 076-079

1. (　　　) (　　　　) your return flight?

2. (　　　) (　　　) (　　　) the library open?

3. (　　　) (　　　　) (　　) (　　　　) to the ferry terminal from here?

4. (　　　) (　　　) (　　) (　　　　) when the machine's out of toner?

---

② 音声と上記の英文を参考に、適切な応答を選んでください。

🔊 080-083

1. Ⓐ Ⓑ Ⓒ

2. Ⓐ Ⓑ Ⓒ

3. Ⓐ Ⓑ Ⓒ

4. Ⓐ Ⓑ Ⓒ

練習問題 8

① 空所に聞こえた音声を書き入れてください。[　] には短縮した語（例：He's）が入ります。

🔊 084-087

1. (　　　　) the (　　　　　　) be (　　　　　　) the agreement today?

2. (　　　　) Ms. Howell (　　　　) to renew her membership?

3. (　　) (　　) (　　　　　) enough napkins?

4. (　　　　) (　　　　) (　　　　　　) the marketing department about the error on our Web site?

---

② 音声と上記の英文を参考に、適切な応答を選んでください。

🔊 088-091

1. Ⓐ Ⓑ Ⓒ

2. Ⓐ Ⓑ Ⓒ

3. Ⓐ Ⓑ Ⓒ

4. Ⓐ Ⓑ Ⓒ

解答解説

How は次の 3 パターンが出題されます。

① How was your summer vacation?（夏の休暇はどうでしたか）

② How far is the station from here?（ここから駅まではどれくらいの距離ですか）

③ How can I play this game?（このゲームはどうやって遊べばいいですか）

① How+be動詞＋☆ → 「☆はどうですか?」と訳します。

② How+形容詞／副詞 → 「どれくらいの形容詞／副詞」と訳します。

③ How+助動詞＋主語 → 「主語はどうやって〜しますか」と訳します。

※ 英文の ●●●● は誤連想、━━ は似た音を表しています。

1. 正解 **B** 🔊 076, 080

🇨🇦 (How)(was) your return flight?　　帰りの飛行機はいかがでしたか。

🇬🇧 (A) About five degrees.　　　　(A) 約 5 度です。
　　(B) It was comfortable.　　　　(B) 快適でしたよ。
　　(C) Oh, I love New York.　　　　(C) ああ、ニューヨークは大好きです。

①のパターンです。How's と短縮された場合は How is と How has の 2 つの可能性がありますが、Part 2 では How is と考えて構いません。

□ degree 图（経度、緯度、気温などの）度

2. 正解 **A** 🔊 077, 081

🇬🇧 (How)(late)(is) the library open?　　図書館はどれくらい遅くまで開いていますか。

🇦🇺 (A) Nine o'clock on weekdays.　　(A) 平日は 9 時です。
　　(B) They will return it later.　　(B) 彼らはそれをあとで返します。
　　(C) Not very much, actually.　　(C) 実際はそれほど多くありません。

②の語順です。How の後ろに続く語として頻出なのはほかに How often（どのくらいの頻度で）、How soon（あとどれくらいで）です。

□ return 動 〜を返す、返却する　□ actually 副 実際は

3. 正解 **A** 🔊 078, 082

■ (How) (can) (I) (get) to the ferry terminal from here?

🍁 (A) Turn right at the next intersection.
(B) A very professional service.
(C) Round-trip tickets are on sale.

ここからフェリー乗り場までどうやって行けばいいですか。

(A) 次の交差点を右に曲がってください。
(B) 非常に専門的な業務です。
(C) 往復チケットが売り出されています。

③の語順です。手段を尋ねているので応答は「こうしてください」または「知らないんです」「〜でわかりますよ」の流れです。

□ ferry 图 フェリー　□ terminal 图 港、乗り場　□ intersection 图 交差点
□ professional 形 専門的な　□ round-trip 形 往復の

4. 正解 **C** 🔊 079, 083

■ (How) (will) (I) (know) when the machine's out of toner?

■ (A) Replace the cartridge with a new one.
(B) At least two months.
(C) A message will appear on the display.

その機械のトナーが切れたのをどうやって知るのですか。

(A) 新しいカートリッジに交換してください。
(B) 少なくとも2カ月です。
(C) 液晶にメッセージが表示されます。

③の語順です。今回は「〜でわかりますよ」の応答でした。

□ toner 图 トナー　□ replace 動 〜を交換する　□ appear 動 見える、現れる

解答解説

　文頭が疑問詞ではなく、Will や Do などの助動詞や be 動詞になる Yes/No 疑問文です。49 ページの例題で練習した通り、英文の構造そのものは難しくありません。Yes/No が正解になること、Yes/No を用いずに正解になるパターンもあることを確認しましょう。

1. 正解 **A** ◀)) 084, 088

(Will) the (client) be (given) the agreement today?

今日、クライアントに同意書が渡されますか。

(A) No, it's not ready.
(B) Business is increasing.
(C) My appointment.

(A) いいえ、まだ準備ができていません。
(B) 事業が拡大しています。
(C) 私の予約です。

> 「助動詞＋主語」の語順は疑問詞の文と変わりません。疑問詞が発話されない → Yes/No を残す、という待ち方で聞きましょう。

□ client 名 顧客、クライアント　□ agreement 名 同意 (書)、契約 (書)　□ business 名 事業
□ increase 動 増加する

2. 正解 **B** ◀)) 085, 089

(Does) Ms. Howell (want) to renew her membership?

Howell さんは彼女の会員権を更新したいのですか。

(A) In the gallery's lobby.
(B) Yes, she does.
(C) Anytime this week.

(A) ギャラリーのロビー内です。
(B) はい、そうです。
(C) 今週のいつでも。

> これまで質問文に 2 回「人名」が出てきましたが、Mr./Ms. への注意が問われる問題です。今回は Ms. なので、she で応答しています。

□ renew 動 〜を更新する

3. 正解 C ◀))086, 090

■ (Do) (we) (have) enough napkins?

ナプキンは十分にありますか。

■ (A) A popular restaurant.
(B) No, that's enough.
(C) Check in the storeroom.

(A) 人気のレストランです。
(B) いいえ、もう十分です。
(C) 物置を調べてください。

> 気をつけたいのは (B) です。No が出てはいますが、内容が合わないので正解にはなりません。なお、enough が似た音だから切る、と考えた方は注意!「似た」音は切りますが、「同じ」音は正解の可能性もあります。

□ enough 形 十分な □ napkin 名 ナプキン □ storeroom 名 貯蔵庫、物置

4. 正解 C ◀))087, 091

■ (Did) (you) (notify) the marketing department about the error on our Web site?

マーケティング部にわが社のウェブサイトの誤りについて伝えましたか。

■ (A) Yes, it's in my briefcase.
(B) Sorry, we don't have any.
(C) I was just about to.

(A) はい、私の書類かばんの中にあります。
(B) すみません、1つもありません。
(C) ちょうどしようと思っていました。

> 質問文が長い難問です。問題 3 と同じく (A) の Yes に飛びつかず、最後まで「切る」聞き方を貫けるかが大切です。

□ notify 動 〜に知らせる □ marketing department 名 マーケティング部
□ error 名 エラー、誤り □ briefcase 名 書類かばん □ be about to do (まさに) 〜しようとする

ここではすべての動詞を ( ) にしました。Yes/No 疑問文では動詞の理解が鍵になります。

PART 2

練習問題 9

① 空所に聞こえた音声を書き入れてください。[　]には短縮した語（例：He's）が入ります。

🔊 092-095

1. (　　　　　　) (　　　　　) (　　　　　　　　) the plants by
the entrance?

2. (　　　　　　) (　　　　　) (　　　　) (　　　) (　　　　　)
(　　　　　　) on the patio?

3. (　　　　) [　　　　　　　　] (　　　　) (　　　　　　　)
Harris in the payroll department?

4. (　　　　) (　　　　　　　) (　　　　　　　) to that new café
before our book club meeting?

---

② 音声と上記の英文を参考に、適切な応答を選んでください。

🔊 096-099

1. Ⓐ　Ⓑ　Ⓒ

2. Ⓐ　Ⓑ　Ⓒ

3. Ⓐ　Ⓑ　Ⓒ

4. Ⓐ　Ⓑ　Ⓒ

練習問題 10

① 空所に聞こえた音声を書き入れてください。[　]には短縮した語(例:He's)が入ります。

🔊) 100-103

1. (　　　) (　　　　　) (　　　) (　　　　　　　　　　) the workshop
   until June 5.

2. [　　　　　　　] (　　　　　　) (　　　) (　　　　　)
   (　　　　) the lights when you leave.

3. (　　) (　　　　　) (　　　　　) (　　　　)
   (　　　　　) (　　) (　　　　　　).

4. (　　　　) (　　　　　　) (　　　　　) (　　　　)
   (　　　　　) (　　) (　　　　　) (　　　　　　).

---

② 音声と上記の英文を参考に、適切な応答を選んでください。

🔊) 104-107

1. Ⓐ Ⓑ Ⓒ

2. Ⓐ Ⓑ Ⓒ

3. Ⓐ Ⓑ Ⓒ

4. Ⓐ Ⓑ Ⓒ

解答解説

聞き手に対して提案・勧誘・依頼する質問文です。パターンが決まっているので、次の 5 つを覚えてしまいましょう。

① 提案　Why don't you ~？（〜してはどうですか）

　　　　How about ~？（〜はどうですか）

　　　　Would you like to ~？（〜したいですか）

② 勧誘　Let's ~ / Shall we ~？（[一緒に] 〜しませんか）

③ 依頼　Could you ~？/ Do you mind ~？（〜してくれませんか）

※ 英文の •••• は誤連想、━━━ は似た音を表しています。

1. 正解　**B**　◀)) 092, 096

🇺🇸 (Could)(you)(water) the plants by the entrance?

🇦🇺 (A) The updated floor plan.
　　(B) Sure, no problem.
　　(C) It's posted on the door.

入口付近の植物に水をあげてもらえませんか。

(A) 更新されたフロアプランです。
(B) もちろんです、問題ありません。
(C) それはドアに掲示されています。

water は動詞で「水をやる」という意味になります。Part 1 でも出題されます。依頼に対する Sure は正解の可能性が非常に高いです。

□ plant 图 植物　□ entrance 图 入口　□ update 動 〜をアップデートする
□ post 動 〜を掲示する

2. 正解　**A**　◀)) 093, 097

🇬🇧 (Would)(you)(like)(to)(have)(lunch) on the patio?

🇨🇦 (A) I'd rather eat inside.
　　(B) Well, is it spicy?
　　(C) Yes, I met them too.

テラスで昼食をとりたいですか。

(A) 室内のほうがいいです。
(B) うーん、それは辛いですか。
(C) はい、私も彼らに会いました。

patio を聞き取れるかが鍵です。Would you like to までを一気に聞ければ patio に集中できるはずです。

□ patio 图 テラス、中庭　□ would rather *do* 〜するほうがよい

3. 正解 **A** ◀)) 094, 098

🇦🇺 (Why) [don't] (you)
(contact) Harris in the payroll
department?

🇬🇧 (A) He's on vacation this week.
(B) No, I had to cancel it.
(C) Since the price was so high.

給与部の Harris さんに連絡してみてはどう
ですか。

(A) 彼は今週休暇中です。
(B) いいえ、私はそれをキャンセルしなけれ
　　 ばなりませんでした。
(C) 値段がとても高かったからです。

> 提案を受けないパターンとしては「受けない理由を述べる」「聞き返す」「やんわり断る」の
> 3パターンです。今回は受けない理由を述べています。

□ contact 動 ～に連絡をする　□ payroll department 名 給与部　□ vacation 名 休暇
□ price 名 値段

---

4. 正解 **B** ◀)) 095, 099

🇺🇸 (How) (about) (going) to
that new café before our book
club meeting?

🇨🇦 (A) It's his latest book.
(B) We won't have much time.
(C) To reserve a room.

読書会の前にあの新しいカフェに行くのはど
うですか。

(A) それは彼の最新の本です。
(B) あまり時間がなさそうです。
(C) 部屋を予約するためです。

> 同じく断る理由を述べています。聞き返すパターンとしてはたとえば Is the café open
> today? (そのカフェは今日開いているのですか) などがあります。

□ latest 形 最新の　□ reserve 動 ～を予約する

解答解説

　文末に「?」のつかない平叙文は近年の公開テストで増加傾向にあります。語順は気にせず、聞き取りに集中しましょう。素直に返すもの、訂正、聞き返すものが正解の頻出パターンです。

1. 正解 **A** ◀)) 100, 104

(We)(have)(to)(postpone) the workshop until June 5.

(A) Oh, that's too bad.
(B) An electronics shop.
(C) It's due next week.

ワークショップを 6 月 5 日まで延期しなければなりません。

(A) それは残念です。
(B) 家電量販店です。
(C) 来週が期限です。

素直な返答が正解になっています。have to を聞いたとき「せざるを得なかった」とくみとれていたら上級者に近づいています。

□ postpone 動 〜を延期する　□ electronics shop 名 家電量販店　□ due 形 期限の

2. 正解 **C** ◀)) 101, 105

[Don't](forget)(to)(turn)(off) the lights when you leave.

(A) To see an eye doctor.
(B) I'll leave it in the hallway.
(C) Thanks for the reminder.

帰るときに電気を消すのを忘れないでください。

(A) 眼科医に診てもらうためです。
(B) 玄関にそれを置いておきます。
(C) リマインドありがとうございます。

Don't 〜「〜しないで」の質問文ではほぼ、素直に応答したものが正解です。Part 2 に限らず、TOEIC 全体で人間関係は良好です。

□ forget 動 〜を忘れる　□ light 名 電気　□ hallway 名 玄関、廊下

3. 正解 **B** 🔊) 102, 106

🇨🇦 (We) (should) (ship) (this) (order) (by) (tomorrow).

この注文は明日までに発送しなければなりません。

🇬🇧 (A) Shipping is free.
(B) I heard it was canceled.
(C) It will rain tomorrow.

(A) 発送は無料です。
(B) それはキャンセルされたそうです。
(C) 明日は雨になるでしょう。

質問文の全聞きに挑戦してもらいました。ship や this が正確に聞き取れていればバッチリです。

□ ship 動 ～を発送する　□ order 名 注文　□ cancel 動 ～をキャンセルする

4. 正解 **A** 🔊) 103, 107

🇬🇧 (The) (lunch) (with) (our) (clients) (is) (next) (Thursday).

弊社クライアントとの昼食は次の木曜です。

🇦🇺 (A) Who will join?
(B) Seafood was available.
(C) The next item on the agenda.

(A) 誰が参加しますか。
(B) シーフードがありました。
(C) 議題の次の項目です。

The などの冠詞は非常に聞き取りづらいですが、このレベルまで聞き取れれば全問正解も目の前です。「聞き返し」は平叙文の正解として定番です。

□ item 名 項目　□ agenda 名 議題

練習問題 11

① 空所に聞こえた音声を書き入れてください。[　] には短縮した語 (例 : He's) が入ります。

◀) 108-111

1. (　　　　　) (　　　　　) (　　　　　) (　　　) (　　　　　)
this keyboard (　　) (　　　　　) a new one?

2. (　　　) (　　　　　) (　　　) (　　　　　)
the art (　　　　　) (　　), (　　) (　　　　　)
(　　) (　　　　) the visitor information center?

3. [　　　　　] (　　) a (　　　　　) (　　　　) in this
room ?

4. This auditorium (　　　　　) accommodate (　　　　)
(　　　　　) (　　　　　　), [　　　　　] (　　)?

---

② 音声と上記の英文を参考に、適切な応答を選んでください。

◀) 112-115

1. Ⓐ Ⓑ Ⓒ

2. Ⓐ Ⓑ Ⓒ

3. Ⓐ Ⓑ Ⓒ

4. Ⓐ Ⓑ Ⓒ

練習問題 12

① 空所に聞こえた音声を書き入れてください。[　] には短縮した語（例：He's）
が入ります。

🔊 116-119

1. (　　　　　) (　　　　　) (　　　　　) (　　　) (　　　　　)
(　　　) my laptop?

2. (　　　　) (　　　　　　) (　　　　　) (　　　　)
(　　　　　) at the (　　　　　) (　　　　　　)?

3. [　　　　　] the (　　　　　) to (　　　　) this
(　　　　) ?

4. (　　) (　　　　) (　　　　) (　　　) (　　) (　　) the
(　　　　　) (　　　　　), (　　　) (　　　　　　)
(　　) (　　　　) (　　　　　) (　　　　)?

---

② 音声と上記の英文を参考に、適切な応答を選んでください。

🔊 120-123

1. Ⓐ Ⓑ Ⓒ

2. Ⓐ Ⓑ Ⓒ

3. Ⓐ Ⓑ Ⓒ

4. Ⓐ Ⓑ Ⓒ

解答解説

選択、否定疑問文、付加疑問文の入った英文を出題しました。

※ 英文の ■■■■ は誤連想、—— は似た音を表しています。

1. 　正解　**C**　　◀») 108, 112

🇨🇦 (Would) (you) (like) (to)
(use) this keyboard (or)
(buy) a new one?

🇬🇧 (A) On the bulletin board.
(B) Locking the storage unit.
(C) This one will be fine.

このキーボードを使いたいですか、それとも新しいものを買いますか。

(A) 掲示板に載っています。
(B) 保管場所に鍵をすることです。
(C) このキーボードで大丈夫です。

> 片方の選択肢を選ぶパターンです。この場合、質問文と同じ名詞は選択肢では one で代用します。つまり、one は正解の候補になります。

□ bulletin board 图 掲示板　□ storage unit 图 保管場所

2. 　正解　**B**　　◀») 109, 113

🇺🇸 (Does) (anyone) (know)
(where) the art (museum)
(is), (or) (should) (we)
(call) the visitor information
center?

🏴 (A) I'm used to it.
(B) I can show you.
(C) Large sculptures.

美術館がどこか誰かわかりますか、それとも来場者案内に電話をしたほうがいいでしょうか。

(A) それには慣れています。
(B) 私がご案内します。
(C) 大きな彫刻です。

> 「どちらも選ばない」パターンでした。選択問題の正解としてはこのパターンと「どちらも」が最も多いです。

□ be used to ～に慣れている　□ sculpture 图 彫刻

3. 正解 **C** 🔊) 110, 114

🇬🇧 [Isn't] (it) a (little) (hot) in this room ?

この部屋は少し暑くないですか。

🇺🇸 (A) A summer sale.
(B) Here's a staff room.
(C) Let me open the window.

(A) 夏のセールです。
(B) ここにスタッフルームがあります。
(C) 窓を開けます。

55 ページの解説通り、Isn't の not は無視します。通常の Yes/No 問題と同じように解いてください。

4. 正解 **B** 🔊) 111, 115

🇨🇦 This auditorium (can) accommodate (two) (hundred) (people), [can't] (it)?

この講堂には 200 人が入れますよね?

🇺🇸 (A) The keynote speech will start soon.
(B) Yes, we have a lot of seats here.
(C) The audio isn't available now.

(A) 基調講演が間もなく始まります。
(B) ええ、たくさんの席をご用意しています。
(C) 音声は現在利用できません。

付加疑問文の質問文です。can't it は気にせずに聞きます。

□ auditorium 名 講堂　□ accommodate 動 ～を収容する　□ keynote speech 名 基調講演
□ audio 名 音声

練習問題 12

解答解説

練習問題 11 まではポイントを集中して出題していましたが、実際の問題は疑問詞・Yes/No 文・平叙文などがミックスして出題されます。練習問題の総復習として、あらゆる質問文に対応する問題です。

1. **正解** **A** 🔊 116, 120

🇦🇺 (Could) (you) (help) (me) (set) (up) my laptop?

🇨🇦 (A) I'd be happy to.
(B) A software developer.
(C) It will be helpful.

私のノートパソコンのセットアップを手伝ってくれませんか。

(A) よろこんで。
(B) ソフトウエア開発者です。
(C) それは役に立ちそうです。

> 依頼文です。TOEIC 界の人たちが親切である世界線で待ちつつ、切るべき選択肢を切っていきます。

□ laptop 图ノートパソコン　□ developer 图開発者

2. **正解** **C** 🔊 117, 121

🇺🇸 (Are) (these) (ingredients) (still) (available) at the (grocery) (store)?

🇨🇦 (A) The recipe is quite popular.
(B) Ms. Matsuura is a store manager.
(C) You can check the Web site.

これらの材料はまだスーパーで購入可能ですか。

(A) そのレシピはとても人気です。
(B) Matsuura さんが店長です。
(C) ウェブサイトで確認できますよ。

> Yes/No 疑問文です。(C) のような答え方、たとえば「〜を見てください」「〜に聞いてください」などの応答を知っておくことで正解できます。

□ ingredient 图材料　□ grocery store 图食料雑貨店　□ quite 副かなり

3. 正解 **A** 🔊 118, 122

[What's] the (password) to (open) this (file) ?

(A) Ask your supervisor.
(B) The grand opening is tomorrow.
(C) Some of the tiles were replaced.

このファイルを開くパスワードは何ですか。

(A) あなたの上司に聞いてください。
(B) 新装開店は明日です。
(C) いくつかのタイルは交換されました。

> What に対して「〜ですよ」と答えずに「〜に聞いてください」は問題 2 の (C) と同じ返しです。切る戦略を貫きながら、正解のパターンも蓄積していきましょう。

□ grand opening 图 新装開店　□ tile 图 タイル

4. 正解 **B** 🔊 119, 123

(Do) (you) (want) (to) (go) (to) the (Korean) (restaurant), (or) (should) (we) (try) (somewhere) (new)?

(A) I've never been there.
(B) Whichever you'd like to go to.
(C) Today's special is on the board.

韓国料理の店に行きたいですか、それともどこか新しいところに行ってみますか。

(A) そこへは一度も行ったことがありません。
(B) あなたが行きたいほうでいいですよ。
(C) 今日のおすすめはボードにございます。

> 選択の質問文です。正解は選択問題の最もメジャーな返し方です。

□ whichever 代 〜するどちらでも

　質問文が流れたときに、「このパターンだ」と把握できれば、選択に「厚み」が出てくるはずです。問題を解くだけでなく穴埋めまでするのはかなりハードだったと思います。でもだからこそ、今のあなたには Part 2 攻略のための力が備わっています。

PART 2

ここまでで Part 2 の出題パターンはすべて演習しました。「わくわくポイント」の
おさらいです。

> **わくわく Point**
>
> # 切る、残す、さらに残す

　大量の演習で、あなたにはどんな問題にも対応できる力がついています。解き方
は常に「質問文に集中、似た音と誤連想を切り、正解を残す」を徹底してください。
そして、残した正解のパターンを自分の正解データベースに蓄積していきます。
　たとえば 61 ページの練習問題 1、問題 4 では (B) が正解でしたが、

Where's the gardening section?

(B) On the ground floor. ← | gardening（ガーデニング）
→ ground（地面）のひっかけかな？

と思った方もいるかもしれません。そんなとき、「（ひっかけではなく）前置詞 on
の後ろに、素直に正解を出してるパターンだ」と確認しておくことで、次に役立てる
ことができます。具体的に見てみましょう。

Where did the manager pick up those sandwiches?

(A) At the deli across the street.

(B) About sixty dollars.

(C) It'll take several weeks.

支配人は、どこでそのサンドイッチを受け取ったのですか。

(A) 通りの向かいにある惣菜屋です。

(B) 約 60 ドルです。

(C) それには数週間かかります。

　正解は (A) ですが、先ほどの「前置詞のあとに場所がくる」という経験を活かせ
ば、(A) を最後まで残せるはずです。このように、「ひっかけ回避＋過去の正解例」
でダブルチェックができるようになれば、Part 2 満点も遠くありません。
　では、いよいよ実践問題です。

NO TEST MATERIAL ON THIS PAGE
（このページに問題はありません）

◀)) 124-136

1. Mark your answer on your answer sheet.
2. Mark your answer on your answer sheet.
3. Mark your answer on your answer sheet.
4. Mark your answer on your answer sheet.
5. Mark your answer on your answer sheet.
6. Mark your answer on your answer sheet.
7. Mark your answer on your answer sheet.
8. Mark your answer on your answer sheet.
9. Mark your answer on your answer sheet.
10. Mark your answer on your answer sheet.
11. Mark your answer on your answer sheet.
12. Mark your answer on your answer sheet.
13. Mark your answer on your answer sheet.

14. Mark your answer on your answer sheet.
15. Mark your answer on your answer sheet.
16. Mark your answer on your answer sheet.
17. Mark your answer on your answer sheet.
18. Mark your answer on your answer sheet.
19. Mark your answer on your answer sheet.
20. Mark your answer on your answer sheet.
21. Mark your answer on your answer sheet.
22. Mark your answer on your answer sheet.
23. Mark your answer on your answer sheet.
24. Mark your answer on your answer sheet.
25. Mark your answer on your answer sheet.

PART 2

解答解説

1. 正解 **C** ◀)) 124

🇺🇸 Where's the invoice for the
air conditioner?

エアコンの請求書はどこですか。

🇦🇺 (A) The latest catalog.
(B) We're installing it now.
(C) On my desk.

(A) 最新のカタログです。
(B) 今取り付けています。
(C) 私の机の上です。

前半の問題は応答が素直な傾向にあります。Where's を聞く質問にストレートに場所を
答えている (C) を選びます。

□ invoice 图 請求書　□ install 動 ～を取り付ける

2. 正解 **A** ◀)) 125

🇨🇦 What's the topic of the next
training seminar?

次の研修の題目は何ですか。

🇬🇧 (A) Workplace communication.
(B) Yes, I read it.
(C) In the meeting room.

(A) 職場のコミュニケーションです。
(B) はい、それを読みました。
(C) 会議室内で。

What の直後に名詞がないので「何」と訳せたか、Yes で答えている (B) を即切れたかを
確認してください。「何」って聞いているのに「会議室内」はおかしいだろう、と考えられ
れば、「切る」力がついています。

□ topic 图 題目

3. 正解 **C** ◀》126

Which room should I paint first?

(A) Sometime between nine and ten.

(B) Let's order some, then.

(C) Start with the waiting room, please.

どちらの部屋を先に塗りましょうか。

(A) 9 時と 10 時の間のいつかです。

(B) では、いくつか注文しましょう。

(C) 待合室から始めてください。

Which の直後に名詞があるので「どちらの部屋」と訳します。(C) には同じ音 room があ りますが、同じ音は正解になり得ます。

□ paint 動 ～を塗る

4. 正解 **C** ◀》127

When does your shift start?

(A) No, I don't mind.

(B) Inside the manufacturing plant.

(C) 8:00 A.M. on weekdays.

あなたの勤務時間はいつ始まりますか。

(A) いえ、私は気にしません。

(B) 製造工場の中です。

(C) 平日は午前 8 時です。

(A) は疑問詞で始まる設問文に対して No で答えている、(B) 時を聞いているのに場所を 答えている、と切れていたら実力がついている証拠です。

□ manufacturing plant 名 製造工場

5. 正解 **B** 🔊 128

🇬🇧 Why is the building's back parking lot closed?

🇺🇸 (A) The park is very crowded today.

(B) Because it's being repaved.

(C) Thanks so much for the advice.

なぜ建物裏の駐車場は閉まっているのですか。

(A) その公園は今日とても混んでいます。

(B) 舗装作業をしているからです。

(C) 助言をいただき、本当にありがとうございます。

> Why の応答に関する確認問題です。To ~（～するために）も頭の中で待てていたら素晴らしいですね。

□ parking lot 图 駐車場　□ repave 動 ～を舗装する　□ advice 图 助言

6. 正解 **A** 🔊 129

🇨🇦 Will the monitors be delivered this week?

🇦🇺 (A) By tomorrow evening, I heard.

(B) OK, but turn it off when you're finished.

(C) An old computer user manual.

モニターは今週届くのですか。

(A) 明日の夜までには、と聞いています。

(B) わかりました。しかし終わったらそれを切ってください。

(C) 古いコンピューターの説明書です。

> 質問文は疑問詞のない文です。練習問題 8 で確認した通り、動詞の聞き取りが鍵になります。

□ monitor 图 モニター　□ turn off ～を消す

7. 正解 **B** 🔊 130

🇺🇸 What do you recommend from the lunch menu?

🇨🇦 (A) A window table.
(B) The Mexican dish is great.
(C) Another section.

ランチメニューでは何がおすすめですか。

(A) 窓側の席です。
(B) メキシコ料理が素晴らしいですよ。
(C) 別の部門です。

> dish には「皿」のほかに「料理」という意味もあります。

□ recommend 動 ～をすすめる　□ section 名 部門

8. 正解 **B** 🔊 131

🇬🇧 Will the performance take place in the morning or afternoon?

🇦🇺 (A) Complete the online form.
(B) It'll be held twice.
(C) No, we're out of time.

公演は午前に行われますか、それとも午後ですか。

(A) オンラインフォームに記入してください。
(B) 2回上演されますよ。
(C) いいえ、時間がありません。

> 選択疑問文で定番の「どちらも」のパターンです。

□ complete 動 ～に記入する

9. 正解 **B** ◀)) 132

🇨🇦 How do you like the new coffee maker?

新しいコーヒーメーカーはどうですか。

🇬🇧 (A) Here, let me show you.
(B) Oh, I only drink tea.
(C) Sorry, I can't make it.

(A) ほら、私がやって見せましょう。
(B) ああ、私は紅茶しか飲まないんです。
(C) すみません、私はそれを作ることができません。

> How do you like ~? を訳せない学習者は少なくありません。そのまま覚えておくと、ほかのパートで出たときにも楽ですね。

10. 正解 **B** ◀)) 133

🇦🇺 We have another candidate to interview this week, don't we?

今週、別の候補者を面接するんですよね?

🇺🇸 (A) I'll move it to the afternoon.
(B) Yes, she's coming tomorrow.
(C) You can change the date.

(A) それは午後に移します。
(B) はい、彼女は明日来ます。
(C) あなたは日にちを変更できます。

> 最後の don't we は気にせず、その前までの部分に集中します。もしかしたら (A) を選んだ方もいるかもしれません。Part 2 の上級者テクニックとして、it の判断の仕方を覚えておいてください。
> 選択肢の it が何を指しているか不明 → ✕
> 明確にわかる → 〇
> 一瞬のうちに判別・判断するのは大変ですが、慣れれば効果的に正誤を判断できます。

☐ candidate 图候補者　☐ interview 動~の面接をする

11. 正解 **C** 🔊 134

🇬🇧 The company's furniture designs are all modern.

🇺🇸 (A) I'm OK with either.
(B) Mostly for office buildings.
(C) I agree with you.

その会社の家具のデザインはすべてモダンです。

(A) 私はどちらでも大丈夫です。
(B) ほとんどが、オフィスビルのためのものです。
(C) あなたと同じ考えです。

(A) は、質問文が選択疑問文なら正解の候補になる英文でした。(C) は平叙文の正解パターンとして「残して」おきましょう。

□ agree with ～に賛成する、同意する

12. 正解 **A** 🔊 135

🇨🇦 Does the car you rented have a large trunk?

🇦🇺 (A) Yes, it's quite big.
(B) The repairperson is here now.
(C) About eighty dollars a day.

あなたが借りた車には大きなトランクがありますか。

(A) はい、かなり大きいですよ。
(B) 修理工が今着きました。
(C) 1日約 80 ドルです。

レンタカーは rent a car と書きますが、このようになじみのある語こそ、ひっかけ発生源であることは何回か見てきましたね。

□ rent 動 ～を借りる　□ quite 副 かなり、なかなか　□ repairperson 名 修理工

13. 正解 **C** ◀)) 136

🇨🇦 Who's interested in going to the trade show in Atlanta?

🇬🇧 (A) By train or bus.
    (B) No, that's not mine.
    (C) I'd like to go.

Atlanta の見本市へ行くことに興味がある人はいますか。

(A) 電車かバスで。
(B) いいえ、それは私のものではありません。
(C) 私が行きたいです。

(A) ～ (C) を最初の 1 語で「切る」または「残す」ができていたら、すでにビギナー卒業です。

□ trade show 名 見本市

14. 正解 **B** ◀)) 137

🇦🇺 Do your cooking classes start tomorrow, or next week?

🇺🇸 (A) Two and a half hours.
    (B) It's next week.
    (C) The meal was delicious.

あなた方の料理教室は明日始まりますか、それとも来週ですか。

(A) 2 時間 30 分です。
(B) 来週です。
(C) 食事はおいしかったです。

正解は (B) でしたが、確認してほしいことは 2 点です。①選択疑問文は「どちらかを選ぶとは限らないぞ」と考えられていたか。②「同じ音は正解もある」で残せたかです。

□ meal 名 食事

15. 正解 C ◀)) 138

What was your main responsibility as director?

(A) If you can, it would help me a lot.
(B) Yes, almost every day.
(C) I supervised the medical staff.

管理職としてのあなたの主な責任は何でしたか。

(A) もしあなたができるなら、私はとても助かります。
(B) はい、ほぼ毎日です。
(C) 医療スタッフを監督していました。

supervise「～を監督する」の意味を知らずにほかの選択肢を選んでしまっていたら、あとは単語の問題です。なお、supervisor は名詞で「上司」になります。

□ main 形 主な　□ responsibility 名 責任　□ director 名 管理職
□ supervise 動 ～を監督する　□ medical 形 医療の

16. 正解 B ◀)) 139

Where should we hold tomorrow morning's meeting?

(A) A fairly short discussion.
(B) In the staff room.
(C) You can put it over there, thanks.

明朝のミーティングはどこで行いますか。

(A) かなり短い話し合いです。
(B) スタッフルームです。
(C) 向こうに置いておいてください、ありがとう。

Where の素直系（＝ストレートに場所を答える）の問題です。前置詞 In も正解のヒントになっています。

□ hold 動 ～を開催する、行う　□ fairly 副 かなり、相当に　□ short 形 短い

PART 2

17. 正解 **B** 🔊 140

🇺🇸 Hasn't Mr. Palmer's order already been filled?

🇬🇧 (A) In alphabetical order.
(B) It'll be shipped today.
(C) We couldn't take any.

Palmer さんの注文は完了したのではないのですか。

(A) アルファベット順です。
(B) 今日発送されます。
(C) 私たちは 1 つも取れませんでした。

> 冒頭 Has の後ろの not は無視します。また問題 10 で確認した通り、It が Palmer さんの注文と判断できれば (B) を残せます。

□ order 名 注文、順番　□ fill 動 ～を完了する　□ alphabetical 形 アルファベット（順）の

18. 正解 **B** 🔊 141

🇺🇸 Why don't you hang the decorations for Ms. Pearson's party?

🇨🇦 (A) After the supervisor retired.
(B) OK, I'll get started.
(C) Because it's brand-new.

Pearson さんのパーティーの飾り付けをしてはどうですか。

(A) 上司が引退したあとです。
(B) わかりました、すぐ取り掛かります。
(C) なぜならそれは新品だからです。

> TOEIC で引退パーティーは頻出ですが、(A) ではひっかけになっています。また提案・勧誘・依頼の文に対して (C) Because は不正解です。

□ hang 動 ～を掛ける　□ decoration 名 装飾（品）　□ supervisor 名 上司
□ retire 動 引退する　□ brand-new 形 真新しい、新品の

19. 正解 **A** 🔊 142

How many people filled in the questionnaire?

アンケートには何人記入しましたか。

(A) Let me count them.
(B) Another question-answer session.
(C) Twenty-five copies, please.

(A) 数えてみます。
(B) 別の質疑応答です。
(C) 25 部お願いします。

How many の質問に対して (A) で「数えてみます」が正解になる点、(C) の具体的な数字でひっかけているところが、いかにも Part 2 後半に出そうな問題です。

□ fill in ～に記入する　□ count 動 ～を数える　□ session 名 会期、集まり

20. 正解 **B** 🔊 143

Which hotel is the award ceremony at this year?

今年の表彰式はどのホテルであるのですか。

(A) A couple so far.
(B) I'm not sure.
(C) All of the contest winners.

(A) 今のところ、2、3 です。
(B) わかりません。
(C) 受賞者全員です。

この問題も素直に「～ホテルです」とは答えずに、質問に対して距離をとった問題です。問題の後半（No. 20 以降辺り）からこういった応答が出現します。

□ award ceremony 名 表彰式

21. 正解 C 🔊 144

Who have you hired to replace Tony in accounting?

(A) Yes, but only slightly higher.
(B) A few discount coupons.
(C) We're still accepting applications.

経理部の Tony の後任に誰を採用したんですか。

(A) はい、しかし若干高いです。
(B) いくらかの割引クーポンです。
(C) まだ募集中なんです。

疑問詞に対して (A) の Yes を切り、(B) の似た音も切るテクニックを使いつつ、ストレートに「○○さん」とは答えないはず、という意識を持って解答したい問題です。

□ accounting 图 経理　□ slightly 副 わずかに　□ application 图 応募

22. 正解 A 🔊 145

Could you staple these documents together?

(A) Sure, I'll do it now.
(B) Neither of them, actually.
(C) My presentation notes.

これらの文書をホチキスで留めてもらえませんか。

(A) もちろんです、すぐやります。
(B) 実際どちらでもないのです。
(C) 私のプレゼン用メモです。

依頼の質問文です。依頼では、Sure / All right / No problem / Of course といった優しい応答を待ち伏せつつ「忙しくてごめんね」「もうやっといたよ」のパターンも張っておきましょう。

□ staple 動 〜をホチキスで留める　□ document 图 文書　□ neither 代 どちらも〜ない

23. 正解 **C** 🔊146

🇨🇦 When would you like to see the apartment?

いつアパートをご覧になりたいですか。

🇬🇧 (A) To sign the lease.
 (B) A job in the warehouse.
 (C) Maybe on Tuesday.

(A) 賃貸契約にサインするためです。
(B) 倉庫内での仕事です。
(C) できましたら火曜日で。

> 2度目の When にもかかわらず、素直に「火曜」と答える (C) を正解にしたのは問題22、23のような「揺さぶり」に対応する力をつけるためです。

☐ lease 图 リース、賃貸契約　☐ warehouse 图 倉庫

24. 正解 **A** 🔊147

🇺🇸 Let's take a taxi to the conference center.

会議場までタクシーに乗りましょう。

🇨🇦 (A) Well, the traffic will be slow.
 (B) I was reimbursed for travel expenses.
 (C) Conference Room D.

(A) いや、車の流れは遅くなりそうです。
(B) 出張経費を払い戻してもらいました。
(C) 会議室 D です。

> 勧誘に対して、やんわり断っている (A) が正解です。

☐ conference 图 協議会、会議　☐ traffic 图 交通　☐ reimburse 動 〜に払い戻す
☐ expense 图 費用、経費

25. 正解 B 🔊 148

🇬🇧 Why haven't the new brochures been printed yet?

🇦🇺 (A) Yes, all of us are sure.
(B) Because of a mechanical problem.
(C) It's still under warranty.

なぜ新しいパンフレットはまだ印刷されていないのですか。
(A) はい、全員が確信しています。
(B) 機械の問題のためです。
(C) まだ保証期間内です。

> Why に対する待ち方と Yes/No 切り、haven't の not の無視など、これまでの学びを総復習するような問題でした。正解できていたら自信を持ってください！

□ brochure 图 パンフレット □ mechanical 形 機械の □ warranty 图 保証

Part 2 に限らず、TOEIC 全体を通して「慣れ」が必要であることは事実です。だからこそ、練習問題と実践問題で大量の問題を解いてもらいました。

しかし慣れ以上に大切なのは、**なぜそれが正解になり、不正解になるのかを考えること**です。「勝ちに不思議の勝ちあり、負けに不思議の負けなし」とは、肥前国平戸藩藩主で剣術（心形刀流）の達人、松浦静山の言葉です。選択肢が3つの Part 2 では「不思議の正解」もあるかもしれません。一方で、不正解の場合には、聞き取れなかった、集中力の欠如、ひっかけにはまった、単語力など、負けるべくして負けた原因があります。その原因究明こそが、次の勝ちにつながるのです。

質問文に対する「構え」と選択肢の「捌き」は本書で十分に練習しました。あとは、○×の結果だけに甘んじず、そこに至る道筋を注視して、このパートの免許皆伝を目指しましょう。

Part 2 おすすめ学習法

　Part 2 は近年、難化傾向にあり、簡単にはスコアが伸ばせなくなっています。本書ではその対策をすべてお伝えしましたが、より多くの演習を積む際に効果的な学習方法を紹介します。

①「ディクテーション」

　本書で紹介した戦略は質問文をすべて聞き取る、というものです。それを強化するのがディクテーションです。ディクテーションとは、練習問題で行ったように（　　）に聞き取った英語を書き入れていく学習方法です。私は授業やセミナーで常々、「なんとなくの勉強は役に立ちません」とお伝えしています。特に Part 2 は英文も短く、選択肢も 3 つなので「なんとなく合ってた」ということが起こります。でもそのラッキーパンチを実力と勘違いしていては本当の意味でスコアは上がりません。

　このあいまいさを回避するのがディクテーションです。「書く」ことで、本当に聞き取れているかどうかをはっきりさせます。逆に言えば、書けない語は聞けていない、つまり不正解の原因になっているわけです。

　学習方法はシンプルです。ペンとノートを出し、聞こえた音声を書き取ります。まずは、本書の実践問題でやってみましょう。ABC を選ぶだけの学習とはまた違った気づきがあるはずです。

　そのあと、たとえば公式問題集を使って挑戦するのもいいでしょう。もちろん、別の教材でも構いませんが、ナレーターが本番に近いことや問題の難易度を考慮すれば、公式問題集を一冊解いておくことは有益です。また、慣れてきたら、質問文だけでなく選択肢を含めた「全ディクテーション」も実力を相当に上げてくれるはずです。

②「切る」

　公式問題集やほかの模試には、「○○と□□が似た音でひっかけ」「○○と■■が誤連想」といった解説はありません。「～と尋ねているのに対し、～と述べて、～なことを示唆している (A) が正解」といったさっぱりしたものです。TOEIC の講師仲間の中で「初学者に公式は難しい」と考える人がいるのも、この解説部分が原因かもしれません。しかし、本書をここまで読み進めたあなたは少なくとも Part 1 と Part 2 に関しては初学者ではありません。むしろ、上級者が普通に使っている解き方をすでに知っています。

そんなあなたに行ってほしい学習が「ひっかけ部分」の分析です。公式問題集にない「○○と□□が似た音でひっかけ」「○○と■■が誤連想」といった点をあなた自身が見つけていくのです。

本書では、似た音を色文字の下線、誤連想をグレーの点線で示しましたが、実際に公式の解答に同じように書き込んでみましょう。すべての問題にこうしたひっかけがあるわけではないですが、行っていくうちに、出題者も出題者なりに何とか不正解に誘導しようと努力していることがわかってきます。

余裕が出てきたら、①のディクテーションを選択肢まで行い、ご自身が書いた英文にひっかけ部分を書き込むと、Part 2 でこれ以上ないくらいの学習になります。

③「さらに残す」

「切る、残す、さらに残す」が Part 2 のわくわくポイントでした。「残す」はもちろん正解の選択肢を残すわけですが、「さらに残す」は正解のパターンをストックすることを指します。具体的なやり方を説明します。

公式問題集や韓国で発売されている既出問題集を研究すると、たとえばこんな傾向が読み取れます。Who を用いた問題が 2 問出題された場合、1 つめの問題は正解が Ms. Sheppey did. (Sheppey さんがしました) のように具体的な名前や役職で返しているのに対し、2 つめは Check the bulletin board. (掲示板を確認してください) のように、質問文の内容に対して少し距離がある応答です。

これをただ「へー。Check the bulletin board. みたいな返答が Who の問題として正解になるんだ」と思うだけではもったいない。もう少しつっこんで、簡単なほうの問題番号は何番で、難しいほうの番号は何番、と記録してみてください。こうした小さな気づきを「さらに残して」いくことで、自分の中で「No. 25 辺りからさらに集中だ！」と切り替えができたり、「これはド定番の応答だわ」と「切る」戦略に加えた引き出しが増えていったりします。もちろん、この「さらに残す」を実践するためには相応の勉強量が必要です。

Part 3

Part 3 はリスニングセクションの山場です。私が考える最適解の攻略法を詰めました。山場だからこそ、ここで大きくスコアアップをしてください。

攻略ルート1 問題を知る

男女の会話が約40秒流れます。その会話を聞いて、問題用紙に印刷された3つの問題に解答します。

問題の外見

問題数	**39**問
会話数	13 セット
目標正答数	32 問
時間	約18分
Directions	約30秒

問題の中身

男女2名の会話	10〜11 セット
男女3名の会話	2〜3 セット
図表のある問題	2〜3 問
意図問題	2〜3 問

 わくわくPoint

狙いを絞って、撃つ

アイスホッケー界の神様として知られるウェイン・グレツキーは "You miss 100 percent of the shots you don't take." (打たないシュートは100%外れる) の言葉を残しています。そう、まずは撃たなくては (選択肢を選ばなければ) 正解はありません。ここからは「撃つ」と腹を決め、いかにその精度を高めるかを解説していきます。

例題は本番と同じレベルです。次のやり方に沿って解答してください。

① 問題 1 ～ 3 を読みます。制限時間は 30 秒です。

② 30 秒たったら、音声（トラック 149-150）を流して解答します。

③ 次にもう一度同じ問題を解きます。今度はポーズありの音声を使います。ヒントとなるところで音声が止まる（ポーズが入る）ので、その瞬間に解答してください。

例題 ◀ッ) 149-150／ポーズあり ◀ッ) 151

1. Where does the man work?

(A) At a hotel
(B) At a library
(C) At a store
(D) At a clinic

2. What does the woman say she will do tomorrow?

(A) Schedule a meeting
(B) Leave on a trip
(C) Sign a contract
(D) Confirm a reservation

3. Why does the man suggest visiting a Web site?

(A) To choose a time
(B) To change an order
(C) To purchase a ticket
(D) To read a review

PART 3

　Part 3 の会話がどのぐらいのボリューム・スピードで流れるか、どこを狙えば正解できるのかを把握しましょう。

※英文中の (🔍) は音声でポーズが入っている場所を表します。

🔊 149-150 ／ポーズあり 🔊 151

Questions 1 through 3 refer to the following conversation.

🇨🇦 **M:** This is the Belltown Eye Clinic (🔍). How may I help you?

🇺🇸 **W:** Hi. I'd like to have my contact lens prescription renewed. I'm going on a business trip (🔍) tomorrow, so I was hoping to make an appointment for today.

　M: We still have several time slots open. I suggest you visit our Web site to check which times are available and select (🔍) one using our online booking system.

　W: Oh, OK. I'll go to your site now. Thank you for your help.

□ prescription 名 処方箋　□ renew 動 〜を更新する　□ slot 名 時間枠

問題 1 〜 3 は次の会話に関するものです。

男性：はい、Belltown 眼科です。いかがなさいましたか。

女性：こんにちは。コンタクトレンズの処方箋を更新したいのですが。明日出張に出る予定でして、今日予約が取れればと思っております。

男性：いくつか予約枠が空いています。当院のウェブサイトから可能な予約時間をご確認いただき、オンライン予約システムで時間をお選びください。

女性：ああ、わかりました。すぐサイトを見てみます。ありがとうございます。

1. Where does the man work?

(A) At a hotel
(B) At a library
(C) At a store
(D) At a clinic

男性が電話を受け、「Eye Clinic」と言っています。

2. What does the woman say she will do tomorrow?

(A) Schedule a meeting
(B) Leave on a trip
(C) Sign a contract
(D) Confirm a reservation

女性が「business trip」に出る予定だと話しています。

3. Why does the man suggest visiting a Web site?

(A) To choose a time
(B) To change an order
(C) To purchase a ticket
(D) To read a review

男性が「which times are available and select」と伝えています。select と同じ意味の choose がある (A) が正解です。

---

1. 男性はどこで働いていますか。
   (A) ホテル
   (B) 図書館
   (C) 店
   (D) クリニック

2. 女性は明日何をすると言っていますか。
   (A) 会議を予定する
   (B) 旅行に出る
   (C) 契約書にサインする
   (D) 予約を確定する

3. 男性はなぜウェブサイトを訪れることをすすめていますか？
   (A) 時間を選ぶため
   (B) 注文を変更するため
   (C) チケットを購入するため
   (D) レビューを読むため

例題のスクリプトと設問を振り返りましょう。

1. Where does the man work?

正解 ▸ (D) At a clinic ⟵

音声 ▸ This is the Belltown Eye Clinic.

2. What does the woman say she will do tomorrow?

正解 ▸ (B) Leave on a trip ⟵

音声 ▸ I'm going on a business trip ...

3. Why does the man suggest visiting a Web site?

正解 ▸ (A) To choose a time

音声 ▸ ... which times are available and select ...

　正解にたどりつくためには、会話音声を聞くときに**①選択肢と同じ音、②選択肢の言い換え**に注意することが大事です。そのため、前著『ゼロからの TOEIC® L&R テスト 600 点 全パート講義』では、わくわくポイントを**「聞こえた語、言い換え。それが正解」**としていました。この戦略は授業やセミナーでも「金魚すくい作戦」として紹介していますが、特に初学者の方にすぐに取り入れてもらいやすく、スコアアップに役立っていると自負しています。一方で「先生が音声を止めてくれたからできたけど……」「設問を読んだり選択肢を見たりするのと、音声を聞くのを同時にやるのが難しくて……」といった声もよく聞きます。

　次のページから、金魚すくいの「ポイ」を強固なものに変えるべく、より精度の高い聞き方・解き方を学びます。金魚の泳ぐ軌道を理解して狙いにいく名人のように、音声の聞きどころがわかるようになる方法を紹介します。

　設問をあらかじめ読むことを**「先読み」**と言います。単に「『桃太郎』を読んでください。内容についてあとで質問します」と言うのと、「質問は 3 つ。1. 桃を拾った場所、2. 動物たちに与えた食べ物、3. 鬼退治に向かった島の名」とメモを渡しておくのとではどちらが答えやすいでしょうか。当然、後者ですし、話の聞き方も変

わってくるでしょう。このメモが先読みです。ここではなぜ先読みが必要で、どう正解につなげるかを掘り下げます。

先読みを活かす・・・その1

例題の設問1〜3を見てください。

1. **Where** does the man work?
2. **What** does the woman say she will do tomorrow?
3. **Why** does the man suggest visiting a Web site?

いずれも疑問詞から始まっています。Part 3 の設問は **100% 疑問詞で始まり**、疑問詞は Part 2 で学習済みです。だから大丈夫です。

先読みを活かす・・・その2

例題の設問2を見てください。

2. What does the **woman say** she will do tomorrow?

色文字の「**女性が言っていること**」に注意すれば聞き方は次のようになります。これだけでも相当に照準を絞れます。

ヒントはここだ！（女性の声が聞こえた瞬間から集中します）

M: This is the Belltown Eye Clinic. How may I help you?

W: Hi. I'd like to have my contact lens prescription renewed. I'm going on a business trip tomorrow, so I was hoping to make an appointment for today.

M: We still have several time slots open. I suggest you visit our Web site to check which times are available and select one using our online booking system.

W: Oh, OK. I'll go to your site now. Thank you for your help.

先読みを活かす···その3

再度、設問 2 を見てください。

2. What does the woman say **she will do tomorrow**?

設問で問われているのは「彼女が**明日すること**」。英語では時を表す語は基本的に文末に置かれるため、会話で tomorrow が出たタイミングでは正解（金魚）が通り過ぎています。そこで重要になるのが文法です。

進行形（be ＋ -ing）には近い未来の（個人的な）予定を表す用法があります。ほぼその予定が決まっている、または手配済みといった意味を含みます。

例1〉 I'm starting on a diet tomorrow. (明日からダイエットを始める予定です)
例2〉 We're moving next month. (来月には引っ越します)

これを先ほどの例題に応用させると聞きどころがあぶり出されます。つまり、

女性：I'm going on a business trip tomorrow ...

① 予定出た！　② 出張！　③ 問2を解答！

① 'm going　　→　解答の気配をかぎ取って
② trip　　　　→　選択肢と照合して
③ tomorrow　→　答え合わせ

という手順で解答します。

そんな芸当ができるの？　と不安になる方もいるかもしれません。しかし Part 3 の出題パターンは決まっていて、本書ではそのパターンの理解に必要な文法だけを解説しますので攻略のための知識が必ず身につきます。

次ページで、この戦略を用いた Part 3 の解答の流れを説明します。

2. What does the **woman** say **she will do tomorrow**?

STEP 1	狙う	大まかな聞きどころに狙いをつけます。
STEP 2	絞る	「先読み」した内容から注意する表現の照準を絞ります。
STEP 3	撃つ	選択肢と照合。マークシートは塗らずチェックのみ。※

※ マークの塗りつぶしはリーディングセクション中に行います。マークを塗る時間は先読みに当て
ましょう。マークシートに軽く印をつける（チェック）だけにとどめます。

結論です。Part 3 でやるべきは、**先読みで聞きどころを絞り、音声と選択肢を合わせていく**、ということです。ルート 4 では、頻出の設問タイプごとに、会話で登場する表現を確認して正解につなげる演習をしていきます。

PART 3

　ここでは多様に見える設問をタイプ別にまとめ、聞きどころを学びます。次の流れで身につけます。

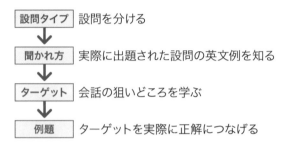

設問タイプ 1 「場所」問題

　会話の場所や話者の職場が問われます。3問のうち、最初に出題されます。

■ 聞かれ方

1. Where most likely are the speakers?
2. Where does the woman most likely work?
3. Where does the conversation most likely take place?
4. Which industry do the speakers most likely work in?
5. What type of business do the speakers most likely work for?

1. 話し手はどこにいると考えられますか。
2. 女性はどこで働いていると考えられますか。
3. 会話はどこで行われていると考えられますか。
4. 話し手たちはどの業界で働いていると考えられますか。
5. 話し手たちはどんな企業に勤めていると考えられますか。

「場所」問題に限らず、**すべての most likely はカット**してください。

1. Where ~~most likely~~ are the speakers?
1′. Where are the speakers?　→ 話し手はどこにいるか。

文法アプローチ **be 動詞の存在文**

　会話の内容はさまざまですが、文法の観点からターゲットを決めることができます。

例題 次の英文を訳してください。

① My father is a business person.
② My father is in an office.

　My father is までは共通ですが、その後が①**名詞**と②**前置詞＋名詞**に分かれています。

　訳：① 私の父は会社員です。　② 私の父はオフィスにいます。

　be 動詞には「〜は…だ」という意味と「〜にいる・ある」という意味があります。そう、Part 1 で学んだ存在文です。「場所」問題では、この**「ある、いる」の be 動詞が、話者がどこにいるかのヒントになります。**

設問タイプ 2 **「話題」問題**

　会話の話題や何について話しているのかを問う問題です。これも 3 問のうち最初に登場することが多い問題です。

■ **聞かれ方**

1. What are the speakers mainly discussing?
2. What are the speakers mainly talking about?
3. What type of meeting is taking place?

1. 話し手たちはおもに何について話し合っていますか。
2. 話し手たちはおもに何について話していますか。
3. どんな種類の会合が開かれていますか。

「話題」問題に限らず、**すべての mainly もカット**してください。

4. What is the conversation ~~mainly~~ about?
4′. What is the conversation about?　→ 会話は何についてか。

PART 3

■ ターゲット

「話題」問題に文法的な共通点はありません。しかし、次の 3 つの「フラグ」を把握することで正解の確度を高めることができます。

解法アプローチ ヒントのフラグ

1. 開始 6 秒：会話が始まって 6 秒以内にヒント登場
2. 呼びかけ ：相手の名前を呼びかけて話題開始
3. まとめ役 ：～についてですが、と話題を始める

この 3 つが「狙う」「絞る」場所になります。次の例で確認しましょう。

設問: What are the speakers mainly discussing?

> 呼びかけ

> 6 秒以内に出現

会話 (M): Hi, **Julia**. I need to talk to you about the **preparations for our presentation** next week.

(A) Decisions about a merger　　　合併の決定
(B) **Preparations for a presentation**　プレゼンテーションの準備
(C) Renovations of a building　　　建物の改装
(D) Upgrades of a software　　　ソフトウエアのアップグレード

正解 B

設問：話し手たちはおもに何について話し合っていますか。
会話（男性）：やあ Julia。来週のプレゼン準備について話しておきたいんだけど。

設問: What are the speakers mainly talking about?

> 呼びかけ

> 話題を始める

会話 (M): **Ms. Parker. About your business** trip to Brisbane, **I've just booked the accommodations. The hotel** is within a mile of the conference center.

> 6 秒以内に出現

(A) An award ceremony　　　授賞式
(B) A project budget　　　プロジェクトの予算
(C) A **hotel reservation**　　　ホテルの予約
(D) A grand-opening celebration　新装開店の式典

設問：話し手たちはおもに何について話していますか。

会話（男性）：Parker さん、Brisbane 出張の件ですが、宿泊先を手配しました。ホテルは協議会の会場から 1 マイル以内にあります。

設問タイプ3 「目的・理由」問題

会話や出来事の**目的**や**理由**について問う問題です。

■ 聞かれ方

1. What is the purpose of the man's visit/call?
2. Why are the speakers meeting?
3. Why does the woman call the man?
4. Why will a meeting be held?
5. Why is the man concerned?

1. 男性の訪問／電話の目的は何ですか。
2. 話し手たちはなぜ会合しているのですか。
3. 女性はなぜ男性に電話をしていますか。
4. なぜ会合は開かれるのですか。
5. 男性はなぜ心配しているのですか。

■ ターゲット1

文法アプローチ **不定詞の副詞的用法**

読解にも役立つ重要事項です。

例題 次の英文を訳してください。

① My brother studies hard.
② My brother studies hard **to be** a doctor.

訳：① 私の兄は熱心に勉強する。 ② 私の兄は医者に**なるために**熱心に勉強する。

「to＋動詞の原形」を不定詞と言います。不定詞には 3 つの用法（名詞的用法、形容詞的用法、副詞的用法）があり、そのうち副詞的用法は「理由」を表します。〈聞かれ方〉の英文 1. を見てみましょう。

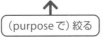

設問 : What is the purpose of the man's visit?

（purpose で）絞る

会話 (M): I'm here **to pick** up my **car**. Did you change the engine oil?

（男性で）狙う

撃つ

(A) To sell furniture 　　家具を売るため
(B) To report a problem 　問題を伝えるため
(C) To pick up a car 　　車を受け取るため
(D) To offer a job 　　　仕事を依頼するため

正解　C

設問：男性の訪問の目的は何ですか。
会話（男性）：車を取りに来ました。エンジンオイルは交換しましか。

　to が聞こえた瞬間に反応するというよりも、to が来たら解答する、という聞き方に慣れましょう。男性の声が始まったら、臨戦態勢に入るイメージです。

　なお、この男性の発言は「場所」問題の正解根拠にもなり得る英文です。ヒントは、会話の最初・途中・終わりにまんべんなくあるわけではなく、数秒の間に 2 問分登場することもあります。ちょうどポイの 1 すくいで、2 匹の金魚を捕るようなイメージです。

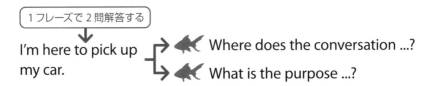

1 フレーズで 2 問解答する

I'm here to pick up my car.

Where does the conversation ...?

What is the purpose ...?

　これができるようになるために、先読みした 3 つの設問を覚える必要はありません。1 つの問題を解いたらすぐ次の問題へ。1 匹すくってもう 1 匹近くにいたらそれもすくう、といったスピーディーさを身につけましょう。

■ ターゲット2

解法アプローチ 目的・理由を表す表現

不定詞のほかに、以下の表現も解答の根拠になります。

例 ① This is/That's why ~　　　：これが（それが）～の理由です
　　② for ~　　　　　　　　　 ：～のために
　　③ 感情表現の後ろ
　　　 I'm worried/concerned ~ ：（～を）心配しています
　　　 I'm surprised ~　　　　　：（～に）驚いています
　　　 I'm excited ~　　　　　　：（～を）うれしく思っています

以上を把握しておけば、「理由」問題に素早く反応できます。

設問タイプ4 「何した・何する」問題

過去に何をしたか、これから何をするかを問う問題です。

■ 聞かれ方

1. What did the man recently do?
2. What did the man do for the woman?
3. What did the man do in advance?
4. What will the speakers probably do next?
5. What will the woman most likely do next?

1. 男性は最近何をしましたか。
2. 男性は女性のために何をしましたか。
3. 男性は前もって何をしましたか。
4. 話し手たちはおそらく次に何をしますか。
5. 女性は次に何をすると考えられますか。

■ ターゲット1

文法アプローチ 時制

動詞の過去形、次の行動と助動詞、let の使い方が鍵です。

127

例題〉次の英文を和訳してください。

① My sister buys a ticket at the box office.

② My sister **bought** a brochure at the box office.

③ I'll contact my supervisor soon.

④ **Let me check** your appointment.

訳：① 私の姉はチケット売り場で券を買う。
　　② 私の姉はチケット売り場でパンフレットを買った。
　　③ 上司にすぐ連絡をとります。
　　④ 予約を確認させてください。

　②は①の動詞 buy が過去形になっています。③は、will が未来を表すことを知っていれば聞きどころとして認識できます。120 ページ「先読みを活かす・その 3」で説明した「be ＋ -ing」と合わせて手がかりにしてください。

　④は「let A B」で「A に B を（そのまま）させる」の表現です。この形は、Let が文頭にくる命令文で使用されることが圧倒的に多いです。「（このあと）〜させてください」という意味で使われます。

例〉 Let me transfer your call to our manager.
　　　　　A　　　　 B

　　私（A）にあなたの電話を部長に転送させて（B）ください。

　　→お電話を部長に転送いたします。

■ ターゲット 2

解法アプローチ 「（過去に）した・（これから）する」を表す表現

例〉 ① I've just *done* 　　：ちょうど〜したところです
　　 ② Please *do* 　　　：どうぞ〜してください
　　 ③ be going to *do*：（これから）〜する予定です

　「〜した・〜する」の表現はこれだけではありませんが、これらの表現が出てきたらすぐに「撃つ」体勢に入っていると、スムーズに解答できます。

相手に対してお願いや提案をする問題です。

■ 聞かれ方

1. What does the woman ask the man to do?
2. What does the woman ask the man about?
3. What does the woman ask the man for?
4. What does the woman want the man to do?
5. What does the woman suggest the man to do?
6. What does the woman offer the man?
7 What does the woman suggest doing?
8. What does the woman offer to do?

1. 女性は男性に何をするように頼んでいますか。
2. 女性は男性に何を尋ねていますか。
3. 女性は男性に何を求めていますか。
4. 女性は男性に何をしてほしいのですか。
5. 女性は男性に何をすることを提案していますか。
6. 女性は男性に何を申し出ていますか。
7. 女性は何をすることを提案していますか。
8. 女性は何をすると申し出ていますか。

数が多いので一度シンプルにまとめると

What does the A さんが { ask / want / suggest / offer } B さんに　お願い・提案する

となります。まずはざっくりと **A さんが B さんに下から「お願い」** または上から
「提案」のアクションをする、と考えてください。

■ ターゲット1

文法アプローチ1 ask/want/tell 人 to do

「相手に」問題を理解するために必ず押さえておきたい内容です。

例題〉次の英文を和訳してください。

①I want to play soccer.

②I want **Tom to play** soccer.

③I asked the price.

④I asked **Tom to go** there.

訳：① 私はサッカーがしたい。
　　② 私はトムにサッカーをしてほしい。
　　③ 私はその値段を尋ねた。
　　④ 私はトムにそこに行くように頼んだ。

want/ask/tell は、後ろに人と to 不定詞が来る場合、次のように訳します。

※ Part 3 では want と ask の出題頻度が圧倒的に多く、tell の出題はまれです。

want ask tell	人 + to *do*：人に〜	してほしい することを頼む するように言う

「人」の部分に the man/woman が入ります。129 ページの 8 つを丸暗記しても OK ですが、上記「人 to do」のパターンはリーディングでも本当によく出てきます。一度きちんと理解しておくとより自信を持って対応できるはずです。

文法アプローチ2 ask のはなし

Part 3 で伸び悩む原因の一つが「先読みの甘さ」です。ちょっと厳しい言い方をすると、「なんとなく読む・聞く」の結果、失点につながっています。特に注意したいのが ask に対する訳出です。

例題〉次の英文を和訳してください。

①He asked **about** my idea.

②He asked **for** my idea.

例：① 彼は私の考えについて尋ねた。　② 彼は私の考えを求めた。

例を見てわかる通り、前置詞が about か for かによって意味が異なります。about は単純に「〜はどんな感じですか?」と聞いているのに対し、for は電話の応対や消息を聞くような「要対応!」な雰囲気を持っています。

■ ターゲット2

お願い・提案の表現

これが出たら「頼んでる」「提案してる」のサインです。

1. Would/Could you *do* ...? ：〜してくださいませんか
2. Please *do* ：〜してください
3. Why don't you *do* ...? ：〜してはどうですか
4. How about ~? ：〜はどうですか
5. Shall I *do* ...? ：（私が）〜しましょうか
6. Let me *do* ...? ：（私に）〜させてください

設問タイプ6 **その他の問題**

Part 3 に必ず出題される設問タイプとして1〜5まで攻略法を確認しました。ここでは、その他の設問について見てみましょう。

問題タイプ	聞かれ方
①「意図」問題	Why does the woman say, "We only have two weeks"? （女性はなぜ "We only have two weeks" と言っていますか） What does the man imply when he says, "I have a car"? （男性は "I have a car" という発言で何を示唆していますか）
②「図表」問題	Look at the graphic. Which class will the woman most likely choose? （図を見てください。女性はどのクラスを選ぶと考えられますか）
③「誰」問題	Who most likely is the man? （男性は誰だと考えられますか）
④「具体」問題	What is special about the Robina Museum? （Robina 博物館について何が特別ですか） What is scheduled to happen on Sunday? （日曜日に何が起こる予定ですか）

■ 攻略法

① 2、3問出題されます。はっきり言って難問です。もし満点を目指す段階にないのなら、「意図」問題は捨てて残りの2問に集中するのも手です。

② Part 3とPart 4の終盤に2、3問出題されます。図と選択肢の見方が鍵になります。「意図」問題と「図表」問題はPart 4で詳しく解説します。

③ 誰＝職業を聞いています。それならば、設問タイプ1のWhat type of business do the speakers most likely work for?（話し手たちはどんな企業に勤めていると考えられますか）と同じアプローチで解答できます。またその職業に関連する単語（例：ホテルの従業員→ front desk / cleaner）からも推測できます。

④ ピンポイントで解答する問題です。裏を返せば、ヒントは一瞬で通り過ぎます。たとえばWhat is special about the Robina Museum?であれば、Robina博物館が特別である理由が述べられるはずです。そう、**設問タイプ3・「目的・理由」問題**のアプローチを用います。

また、What is scheduled to happen on Sunday?は日曜日に起こることを聞かれているので、**設問タイプ4・「何した・何する」問題**を応用させて解くことができます。

こういった攻略法は、「このタイプはこの解き方」と丸暗記するよりも演習で解答を積み重ねて、自然と身につけていくほうが有効です。設問はこれですべてではありませんが、**設問から狙いを決めて解く、という戦略を徹底させてください**。くどいようですが、なんとなく聞くのではなく、設問を先読みして狙いを決めて聞き、解答するという一連の流れを軸に学習しましょう。

では各タイプを練習問題で確認します。

音声を聞いて最も適切な選択肢を選んでください。

◀ᴗ)) 152-153

1. Where does the conversation most likely take place?

   (A) At a moving company

   (B) At a grocery store

   (C) At a car repair shop

   (D) At a dental office

◀ᴗ)) 154-155

2. Where does the woman most likely work?

   (A) At a clothing shop

   (B) At a food court

   (C) At a tour agency

   (D) At a factory

PART 3

練習問題 1

解答解説

1. 正解 **C** 🔊 152-153

Where does the conversation most likely take place?

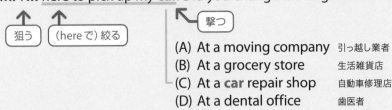

M: I'**m** here to pick up my **car**. Did you change the engine oil?

狙う ／ (here で) 絞る ／ 撃つ

(A) At a moving company 引っ越し業者
(B) At a grocery store 生活雑貨店
(C) At a **car** repair shop 自動車修理店
(D) At a dental office 歯医者

設問：会話はどこで行われていると考えられますか。
男性：車を取りに来ました。エンジンオイルは交換しましたか。

> Part 1 で確認した存在文を思い出してください。ここでは I'm の am が「います」という意味を表しています。文末の car を聞き取って (C) を撃つ前に、I'm here で「さあ、場所が出るぞ！」と思えれば余裕を持って正解が選べます。「場所」問題は be 動詞が大きなヒントになります。

2. 正解 **A** 🔊 154-155

Where does the woman most likely work?

狙う ／ shirt で撃つ

M: Excuse me. I'm **looking for** a **shirt**. I'm having an interview tomorrow but I don't think this shirt I'm wearing fits me properly.
W: OK, we have a wide variety of shapes and colors of shirts.

(A) At a **clothing shop** 衣料品店
(B) At a food court フードコート
(C) At a tour agency 旅行代理店
(D) At a factory 工場

設問：女性はどこで働いていると考えられますか。
男性：すみません、シャツを探しているんですが。明日面接があるのですが、今着ているシャツがぴったりじゃない気がしていて。

女性：かしこまりました。当店は形・色ともに豊富な種類のシャツを取り揃えております。

> look for が聞こえた瞬間に、耳→音声、目→選択肢で待ち構えます。shirt は選択肢にそのまま出てはいませんが、clothing shop 以外にシャツを購入できる場所はないため、即 (A) を選んでください。

攻略のポイント 「場所」問題攻略の＋α

「場所」問題の正解をさらに確実にするために次の点を整理しておきましょう。まず、「場所」問題の問われ方は次の2つです。

1. Where does the man/woman most likely work?
　　→男性／女性　どこ（で働いている）？

2. Where do the speakers most likely work?
　　→話し手たち　どこ（で働いている）？

次に、誰がヒントを出すか絞ります。

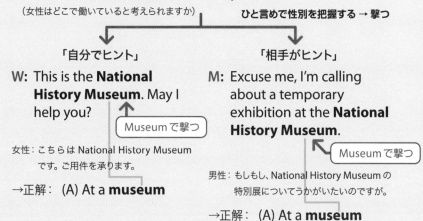

1. Where does the **woman** most likely work?
（女性はどこで働いていると考えられますか）
ひと言めで性別を把握する → 撃つ

「自分でヒント」

W: This is the **National History Museum**. May I help you?
Museum で撃つ

女性：こちらは National History Museum です。ご用件を承ります。

→正解： (A) At a **museum**

「相手がヒント」

M: Excuse me, I'm calling about a temporary exhibition at the **National History Museum**.
Museum で撃つ

男性：もしもし、National History Museum の特別展についてうかがいたいのですが。

→正解： (A) At a **museum**

　基本的には「自分でヒント」を待ちます。ただ、会話が相手（問われている性別ではないほう）で始まった場合は、「相手がヒント」のパターンです。いずれにせよ、**「場所」問題は1人目の発言でほぼ特定できます。**ここでヒントが出ない場合は次の話者が場所を示す、と覚えておいてください。

2. Where do the speakers most likely work?

（話し手たちはどこで働いていると考えられますか）

↓

「スタート１往復目の会話でヒント」

W: Hi, Kenji. I'm Vanessa. Since this is your first day working here, I'll be showing you how to sell tickets to the **museum** today.

M: Thanks, I'm delighted to be working here.

↑
museum で撃つ

女性：あなたが Kenji ね。私は Vanessa よ。今日はあなたの勤務初日なので、私がこの博物館のチケットの販売方法について教えます。

男性：ありがとうございます。ここで働けてうれしいです。

→正解： (A) At a **museum**

同じくヒントは会話の序盤に出ます。会話の開始とともにヒントを狙いにいきましょう。

攻略のポイント　**場所を暗示する表現**

Part 3 頻出の場所を示す表現です。

1. Welcome to ~ 　　　　　：〜へようこそ
2. This is ~ 　　　　　　　：（電話で）こちらは〜です
3. You've reached ~ 　　　　：（電話で）こちらは〜です
4. looking for ~ 　　　　　：〜を探しています
5. Thank you for coming ~ 　：〜にお越しいただきありがとうございます

音声を聞いて最も適切な選択肢を選んでください。

◀ᵉᵉ 156-157

1. What are the speakers mainly discussing?

   (A) A retirement party
   (B) A company picnic
   (C) A job interview
   (D) A meeting presentation

◀ᵉᵉ 158-159

2. What are the speakers discussing?

   (A) A hotel reservation
   (B) An office renovation
   (C) A product demonstration
   (D) A training process

PART 3

解答解説

1. 正解 D 🔊 156-157

What are the speakers mainly discussing?

| 開始 6 秒。初めから狙う | 名前呼びかけで絞る | 撃つ |

M: Hi, **Lucy**. Are you ready for the **presentation** at the meeting next week?

W: Almost done. But I'm wondering if we need to change the pictures on slide 4.

(A) A retirement party 　　退職パーティー
(B) A company picnic 　　会社のピクニック
(C) A job interview 　　面接
(D) A meeting **presentation** 　　会議のプレゼンテーション

設問: 話し手はおもに何について話し合っていますか。

男性: やあ Lucy、来週の会議のプレゼンテーションの準備はできた？

女性: ほとんどね。でもスライドの 4 枚目の写真を変えたほうがいいんじゃないかと思ってる。

> Lucy への呼びかけですぐに会話の本題に備えて絞ります。Part 3 の会話は長くて 50 秒。近況を尋ねたり、天気の話題に触れたりという、のどかな時間はありません。

2. 　◀)) 158-159

What are the speakers discussing?

■ **W:** Kanta, our business trip to Brisbane is in two weeks. Is the
hotel we'll stay at near the conference center?

◆ **M:** I've found a hotel near the center and the price is reasonable.
However, there's a problem. The hotel doesn't have any
shuttle bus services. Should we look for another hotel?

(A) A **hotel** reservation　　　ホテルの予約
(B) An office renovation　　　オフィスの改装
(C) A product demonstration　　製品の実演
(D) A training process　　　　研修の手順

設問：話し手たちは何について話し合っていますか。

女性：Kanta、Brisbane への出張は 2 週間後よ。滞在予定のホテルは会議場の近くなのかしら。

男性：会場近くに手頃な価格でホテルがあったんです。でも 1 つ問題がありまして。ホテルからシャト
ルバスが出てないんですよ。別のホテルを探したほうがいいでしょうか。

こちらも名前の呼びかけのあと、すぐに話題に入ります。

PART 3

　問題 2 のケースで気をつけたいのは、選択肢に transportation（移動手段）の
ような語がある場合です。絞る範囲を広げる必要があります。しかし TOEIC では
上記の問題で、たとえば「ホテルの予約」と「移動手段」のどちらなのかを尋ねる
ような難度の高い問題は出題されません。出題者は解答が必ず 1 つになるように
問題を練りあげています。

　したがって、「話題」問題は 124 ページのヒントのフラグ、1. 開始 6 秒、2. 呼び
かけ、3. まとめ役をベースに、次の絞り方をすれば確実に正解を得られます。

攻略のポイント 「話題」問題攻略の＋α

再度、問題 2 を見てみましょう。

2. **What are the speakers discussing?**
（話し手たちは何について話し合っていますか）

W: Kanta, our business trip to Brisbane is in two weeks. Is the **hotel** we'll stay at near the conference center?

> 女性の hotel で撃って OK

> さらに男性で hotel が出れば (A) が正解で間違いなし

M: I've found a **hotel** near the center and the price is reasonable. However, there's a problem. The hotel doesn't have any shuttle bus services. Should we look for another hotel?

(A) A **hotel** reservation
(B) An office renovation
(C) A product demonstration
(D) A training process

「話題」問題では、「場所」問題に比べて、絞りの範囲が少し広がります。確実に正解するために、1 人目のヒントで選択肢を選んだあともその話題が続いていることを確認するつもりで聞いてください。

　もちろん、次の問題の「絞る→撃つ」の臨戦態勢に入っていることが優先です。しかしこの意識を持つことで「話題」問題に強くなるだけでなく、「点」で聞きがちな英文を「線」で聞くことができるようになります。これを続けることで、難問である「意図問題」に対応できる力がつきます。

音声を聞いて最も適切な選択肢を選んでください。

◀)) 160-161

1. Why is the woman surprised?

(A) A chef released a new book.
(B) A lunch menu is very expensive.
(C) Some ingredients will not be available.
(D) Customers complained about a restaurant.

◀)) 162-163

2. Why is the woman concerned?

(A) The prices are expensive.
(B) A deadline is approaching.
(C) An address is incorrect.
(D) A process is too complicated.

PART 3

解答解説

1. 正解 B ◀)) 160-161

Why is the woman surprised?

M: Isabella, did you see Won's Kitchen's **new** menu on the Web site?

> 女性で狙う

W: Of course. **I'm surprised**. **The lunch prices have gone up so high**.

> 感情表現で絞る

> gone up so high で撃つ

(A) A chef released a new book.
(B) **A lunch menu is very expensive.**
(C) Some ingredients will not be available.
(D) Customers complained about a restaurant.

(A) シェフが新しい本を発売した。
(B) ランチのメニューがとても高い。
(C) いくつかの材料が入手できない。
(D) 客がレストランについて不満を言った。

設問：女性はなぜ驚いていますか。
男性：Isabella、Won's Kitchen のウェブサイトで新しいメニューを見た？
女性：もちろん。びっくりした。ランチのメニューが相当値上げされたのね。

当然のことですが、感情表現のあとには、なぜ話者がその気持ちになったのかを表すヒントがあります。問題文に性別 (man/woman) が出ている場合は特に、その声を手がかりとして確実に正解したい問題です。

2. 正解 B ◀)) 162-163

Why is the woman concerned?

M: Helen, I just got our company poster for the trade show from Frank's Design. I think we may change the picture of our headquarters. It looks a little bit old, doesn't it? I'll ask a photographer to take some pictures. What do you think?

女性で狙う　　I'm not sure で絞る　　due date で撃つ

🏴 W: Ah, **I'm not sure**. The **due date for the poster is next Wednesday**, so I don't think we have enough time for a new picture.

(A) The prices are expensive. 　　値段が高い。
(B) **A deadline is approaching.** 　締切が近づいている。
(C) An address is incorrect. 　　　住所が誤っている。
(D) A process is too complicated. 　手順が複雑すぎる。

設問　女性はなぜ心配していますか。

男性：Helen、ちょうど Frank's Design から見本市用の会社ポスターが届いたよ。本社の写真を変更してもいいかなと思ってるんだ。ちょっと古く見えるよね。カメラマンに写真を撮ってもらえるように頼もうと思ってるんだけど、どう思う？

女性：そうですね、なんとも言えません。というのもポスターの締切は水曜日ですよね。だから新しい写真にする時間がないような気もしてるんです。

問題１と同じく、女性の心配事のあとを丁寧に聞き取ります。この問題では本文の due date と選択肢の deadline の言い換えに気づけるかも問われています。

攻略のポイント　「理由」問題攻略の＋α

「理由」問題で知っておきたいことはヒントの出方です。次の２つの会話を見てください。

Q. Why is the man calling?（なぜ男性は電話をかけていますか）

〈パターン１〉

M: Hello, I'm calling **to make a reservation**, but I want to ask about your menu first.

(A) To cancel the flight
(B) To ask for directions
(C) To complain about an item
(D) **To reserve a table**

〈パターン２〉

M: Hi, my name is Mike Carson. I applied for the security position advertised on the GlassJobs. com Web site. Ms. Hormann, your human resources director, **left me a voice mail about setting up an interview**.

(A) To report a problem
(B) **To reply to a voicemail**
(C) To change an interview date
(D) To explain his absence

PART 3

パターン1は会話開始直後にヒントが出ています。一方、パターン2はヒントが出るまでに時間がかかっていますね。ここで、Part 2で学んだ「誤連想」を応用させます。たとえば色の下線部の「警備への職に応募した」という部分を聞き取ったときに、(C) To change an interview date（面接日を変更するため）にひっかからず、その後の left me a voice ~ という発言が流れるまで待ちます。要は、それが正解だとはっきり言えるものが出るまであわてず、雑な撃ち方をしないということです。これを徹底してください。

〈パターン1訳〉
男性：こんにちは。予約をしたいのですが、先にそちらのメニューについてうかがってもいいでしょうか。
(A) フライトをキャンセルするため
(B) 道を聞くため
(C) 品物に苦情を言うため
(D) 席を予約するため

〈パターン2訳〉
男性：こんにちは。Mike Carsonと申します。GlassJobs.comのサイトにあった御社の警備部に応募をした者です。御社の人事部部長、Hormannさんから面接日程についてのボイスメッセージをいただきました。
(A) 問題を報告するため
(B) ボイスメッセージに返答するため
(C) 面接日を変更するため
(D) 不在を説明するため

音声を聞いて最も適切な選択肢を選んでください。

◀)) 164-165

1. What did the woman recently do?

(A) She purchased a jacket.
(B) She opened a new shop.
(C) She received cash.
(D) She took a vacation.

◀)) 166-167

2. What will the woman most likely do next?

(A) Publish a book
(B) Check the book status
(C) Call her colleague
(D) Go to a publisher

PART 3

解答解説

1. 正解 **A** 🔊 164-165

What did the woman recently do?

女性で狙う　　　　過去形で絞る　　　　jacket で撃つ

🇺🇸 **W:** Hello, I'm Nao Ito. I **purchased a jacket** at your boutique, but I've found a small hole on the left sleeve.

🇦🇺 **M:** I see. Do you have a receipt for the jacket? If so, we can refund you for the item or exchange it for a new one.

(A) She **purchased a jacket**.　　彼女はジャケットを購入した。
(B) She opened a new shop.　　彼女は新しい店を開いた。
(C) She received cash.　　彼女は現金を受け取った。
(D) She took a vacation.　　彼女は休暇を取った。

設問：女性は最近何をしましたか。
女性：こんにちは。Ito Nao と申します。あなたのブティックでジャケットを購入したのですが、左袖に小さな穴があいていました。
男性：承知いたしました。そのジャケットのレシートはお持ちですか。もしお持ちであれば返金、または新しいものと交換させていただければと思います。

> ヒントの出方がわかりやすいのが「何した」「何する」問題の特徴です。つまり、確実に正解したい問題です。

2. 正解 B ◀)) 166-167

What will the woman most likely do next?

M: Excuse me. I'm looking for a book for children by Eric Leo but I can't remember the title. It's very popular and was published last year.

女性で狙う

W: Well, it must be "A Windy Garden." It was lent out last week but may have been returned by now. **Let me check** if the book is available or not.

Let me で絞る　check で撃つ

(A) Publish a book　本を出版する
(B) **Check** the book status　本の状況を調べる
(C) Call her colleague　同僚に電話する
(D) Go to a publisher　出版社へ行く

設問：女性は次に何をすると考えられますか。

男性：すみません。Eric Leo の書いた子ども向けの本を探しているんですが、タイトルが思い出せないんです。とても人気のある本で、昨年出版されたものなんですが。

女性：ああ、それは "A Windy Garden" ですね。先週は貸し出し中でしたが、もう戻ってきているかもしれません。ご利用いただけるかお調べいたします。

男性の声の間は流れを把握するつもりで聞き、女性の声になったら目を選択肢に移してください。

「何した」「何する」問題攻略の＋α

　「話題」問題や「理由」問題の絞り方をスイカとすれば、この問題の絞り方はり んごサイズです。ピンポイントでヒントが出ます。「お、簡単じゃん！」と思ったあ なたはそのポジティブさを大切にしつつ、ピンポイントであるがゆえに一瞬でヒ ントが通り過ぎることも知っておいてください。

　次の例で確認してみましょう。

W: Did you read the **e-mail** that Susan sent **this morning?** We're opening a new store in Perth.

M: Yes, I was surprised because we just **opened a store** in Melbourne **last month**.

1. What happened this morning? (今朝、何が起きましたか)

　→正解：　(A) An e-mail was received. (メールが受け取られた)

2. What happened last month? (先月、何が起きましたか)

　→正解：　(A) A store opened. (店舗が開店した)

女性：Susan から今朝来たメールは読んだ？ Perth に新店舗をオープンするそうよ。
男性：ええ、驚きました。先月、Melbourne に新しい店を出したばかりでしたから。

　多くの受験者が陥りやすい惜しい聞き方は、先読みに引っ張られて this month / last month のような「いつ」に集中することです。特に、このような男 性と女性の「絞り」ができない設問では、last month / next week のような具体 的な語に意識がいきがちになります。しかし、絞ろうとする言葉が流れたときは すでに解答の根拠は流れています。

　1. は **Did you read** the **e-mail** that Susan sent this morning?

　2. は … we just **opened a store** in Melbourne last month.

のように「何した」を示す語に集中することを優先させてください。

音声を聞いて最も適切な選択肢を選んでください。

◀)) 168-169

1. What does the woman want the man to do?

(A) Order kitchen supplies
(B) Translate something
(C) Attend a workshop
(D) Replace some light bulbs

◀)) 170-171

2. What does the woman ask the man to do?

(A) Submit an invoice
(B) Send some pictures
(C) Provide his name
(D) Visit a Web site

PART 3

解答解説

1. 　正解　　**B**　　🔊 168-169

What does the woman want the man to do?

> 女性で狙う

🇬🇧 **W:** Antonio, the food processor we ordered last month just arrived. This will help us so much but the instructions for the machine are written in Spanish. I know you're good at Spanish, right? So **could you translate** the Spanish into English for me?

> Could you で絞る

> translate で撃つ

🇨🇦 **M:** Sure. Can I see the instructions? Oh, it's easy to use, I think. Well, I'll write down an English memo on this in a few minutes.

(A) Order kitchen supplies 　　キッチン用品を注文する
(B) **Translate** something 　　あるものを翻訳する
(C) Attend a workshop 　　ワークショップに参加する
(D) Replace some light bulbs 　電球を交換する

設問：女性は男性に何をしてほしいのですか。

女性：Antonio、先月注文したフードプロセッサーがちょうど届いたわ。これで作業がずっと楽になると思う。でも説明書がスペイン語で書かれていて。あなた、スペイン語が堪能だったよね。これを英語に訳してもらうことはできるかな。

男性：もちろんです。ちょっと見せてもらっていいですか。ああ、使い方は簡単みたいですね。では、数分でここに英語のメモを書いておきますよ。

「相手に」問題は、設問を丁寧に訳すところから始めます。
まず狙いどころは「女性が男性にしてほしいこと」だとしっかり定めたあと、お願いする表現に意識して聞き取ります。この問題タイプは必ず男性・女性どちらの依頼かが明示されているので、先読みを丁寧に行えば比較的簡単にヒントがつかめます。注意すべきは「男性→女性」「女性→男性」のどちらかをはっきりさせることです。

2. 正解 C ◀))170-171

What does the woman ask the man to do?

> 女性が男性に何を頼む？

🇦🇺 **M:** Hello, I'm calling to inquire about an order I placed last Monday. I ordered two boxes of light bulbs. The e-mail you sent says my order will be shipped within two business days but I haven't received it yet. It's Friday today and I'm just wondering when it will arrive.

> 女性で狙う

> Would you で絞る

> name で撃つ

🇺🇸 **W:** I see. Let me track your order. **Would you tell me your name and mailing address?**

(A) Submit an invoice 請求書を提出する
(B) Send some pictures 写真を数枚送る
(C) Provide his **name** 名前を伝える
(D) Visit a Web site ウェブサイトを見る

設問：女性は男性に何をしてほしいのですか。

男性：もしもし、月曜日に注文した件についてお電話しました。電球を 2 箱注文しています。送られてきたメールだと 2 営業日以内に送ってくださるとのことでしたが、まだ届いていません。今日で金曜になるので、いつ届くかと思いまして。

女性：承知いたしました。ご注文を追跡します。お名前とご住所をうかがえますか。

> くどいようですが、女性→男性をはっきり意識できたでしょうか。仮にここが逆になると、絶対に正解できません。先読みであせったり、どうしても時間がなかったりする場合は「① ask ②」のように、「左（①）が右（②）に頼む・言う」をざっくり把握してください。

攻略のポイント 「相手に」問題攻略の＋α

　教室で 2 のような問題を解説すると、必ず出る質問が「(C) に address がないけどいいの？」というものです。女性が求めているのは「名前と住所」なのに、(C) は「名前のみ」。これにモヤっとする気持ちはすごくわかります。が、仮に (C) が Provide his name and address となると、見た目も (C) だけが長くなり目立ちます。問題作成者は選択肢の見た目も考慮して作問しているのです。短い Part 3 でほかの選択肢が不正解な理由を洗う時間はないので、会話と一部が一致していれば撃ちにいって OK です。

攻略ルートをここまで読み進めたあなたは、前著で提示したわくわくポイント「聞こえた語、言い換え。それが正解」の解き方から確実にレベルアップしています。ここで、本書の「わくわくポイント」をもう一度確認しておきましょう。

わくわくPoint

狙いを絞って、撃つ

設問から狙いを定め、解答のヒントが会話のどこかにあるかを割り出し、自信を持って正解を選んでください。

では、実践問題に挑戦しましょう。

音声を聞いて最も適切な選択肢を選んでください。

◀)) 172-173

1. What does the woman need help with?

(A) Completing a form
(B) Training a technician
(C) Organizing résumés
(D) Checking inventory

2. What does the man ask about?

(A) A procedure
(B) A business
(C) A schedule
(D) A service

3. What will the man probably do next?

(A) Send out invitations
(B) Pick up a pile of documents
(C) Review an article
(D) Call some people

PART 3

4. Who most likely is the man?

(A) An airport security guard
(B) A front desk clerk
(C) A conference organizer
(D) A store manager

5. What does the woman want to do?

(A) Set up a conference call
(B) Attend a seminar
(C) Move some luggage
(D) Make some copies

6. What does the woman ask about?

(A) The price for a service
(B) The password for a file
(C) The location of a room
(D) The details of an order

7. Where does the conversation most likely take place?

    (A) At a cafeteria
    (B) At a concert hall
    (C) At a shopping mall
    (D) At a community center

8. Why does the man say, "There's a huge sale this weekend"?

    (A) To suggest a plan
    (B) To offer a reason
    (C) To correct the woman
    (D) To reassure the woman

9. What does the man emphasize about a business?

    (A) Its spacious layout
    (B) Its customer service
    (C) Its reasonable prices
    (D) Its membership program

PART 3

10. What is the purpose of the man's call?

(A) To introduce a new procedure
(B) To arrange for an inspection
(C) To address a customer complaint
(D) To inquire about merchandise

11. What problem does the woman mention?

(A) Some records are incorrect.
(B) An employee is unavailable.
(C) An item is out of stock.
(D) A job is incomplete.

12. What does the woman imply when she says, "Everything should be ready by around February 15"?

(A) A grand opening celebration will be postponed.
(B) A business cannot make deliveries now.
(C) A decision can be made around that time.
(D) A deadline is still being negotiated.

13. What does the woman say will happen next month?

(A) A product launch
(B) A city festival
(C) A trade fair
(D) A staff meeting

14. Who most likely is the man?

(A) A graphic designer
(B) A market researcher
(C) A software developer
(D) An interior decorator

15. What will the speakers most likely discuss next?

(A) Some product sales
(B) Some project dates
(C) Some survey results
(D) Some poster sizes

PART 3

16. Where does the conversation take place?

    (A) At a clothing store

    (B) At an art gallery

    (C) At a florist shop

    (D) At a dry cleaner

17. What does the man ask Rebecca to do?

    (A) Buy some batteries

    (B) Change her schedule

    (C) Check inside a box

    (D) Find a sign-up sheet

18. Where will Rebecca probably go next?

    (A) To a supermarket

    (B) To an office

    (C) To a hotel

    (D) To a station

19. What has the woman recently done?

(A) Asked for instructions
(B) Forwarded a message
(C) Planted a garden
(D) Moved into a house

20. According to the man, what are local residents permitted to do?

(A) Rent multiple spaces
(B) Enter a competition
(C) Park vehicles on a street
(D) Set up barbecues in an area

21. What does the man say is included in a fee?

(A) A community newsletter
(B) A tour of a facility
(C) The use of some tools
(D) The cost of postage

PART 3

22. What are the speakers discussing?

(A) A research study
(B) A training session
(C) A company relocation
(D) A board meeting

23. Why does the woman apologize?

(A) She left a computer on.
(B) She called the wrong client.
(C) She has misplaced a document.
(D) She is unable to attend an event.

24. What does the man offer to do?

(A) Accept an assignment
(B) Revise a deadline
(C) Make a recording
(D) E-mail a client

25. Where does the conversation most likely take place?

    (A) At a studio

    (B) At a stadium

    (C) At a newspaper

    (D) At a factory

26. What does Marcus explain to the woman?

    (A) He is still working on an assignment.

    (B) He forgot to recharge a battery.

    (C) His friend has borrowed his car.

    (D) His camera is being repaired.

27. Where will the men probably go next?

    (A) To a music festival

    (B) To a car repair shop

    (C) To a copy room

    (D) To a product demonstration

PART 3

28. What problem are the speakers discussing?

(A) An appliance overheated.
(B) A shipment was not delivered.
(C) A warranty has already expired.
(D) A device will not start.

29. What information does the man request?

(A) A model name
(B) A serial number
(C) A transaction date
(D) A file password

30. What does the man remind the woman to do?

(A) Contact a supplier
(B) Back up some data
(C) Bring a receipt
(D) Submit a complaint

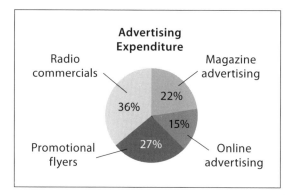

Advertising Expenditure

- Radio commercials — 36%
- Magazine advertising — 22%
- Online advertising — 15%
- Promotional flyers — 27%

31. What did the business do last month?

(A) It hired some salespeople.
(B) It distributed a questionnaire.
(C) It opened a new location.
(D) It offered a group discount.

32. Look at the graphic. What type of advertising do the speakers want to spend more on?

(A) Magazine advertising
(B) Online advertising
(C) Promotional flyers
(D) Radio commercials

33. What is the woman working on?

(A) A travel itinerary
(B) A brochure design
(C) A business logo
(D) A budget proposal

PART 3

Order 70-3076 Customer: Spectra Painters	
Item	Quantity
Royal blue paint (5 liter can)	12
Light turquoise paint (5 liter can)	9
Paint roller with tray (set)	2
Paint brush (wide type)	3

34. What does the woman inquire about?

(A) A technical problem
(B) A Web site upgrade
(C) A product code
(D) A delivery time

35. What does the man say about his company?

(A) It has a new policy.
(B) It has a job opening.
(C) It has many branches.
(D) It has a large selection.

36. Look at the graphic. What quantity on the order form will the man change?

(A) 12
(B) 9
(C) 2
(D) 3

```
┌─────────────────────────────────────────────┐
│         SECURITY PASS                         │
│      POLYTRO CORPORATION                      │
│      ─────────────────────                    │
│  ╭────────╮  Employee Name :  Sasha Murphy    │
│  │ POLYTRO│  Department :  Human Resources     │
│  ╰────────╯  Position :  Director              │
│              Employee Number :  9346-15        │
│                                                │
│  |||||||||| ||||| ||||| || ||||||||| |||| |||| │
└─────────────────────────────────────────────┘
```

37. Look at the graphic. What information on the security pass will be changed?

(A) Employee Name
(B) Department
(C) Position
(D) Employee Number

38. Why is the woman unable to have a task completed now?

(A) She is going to an appointment.
(B) She needs time to make a decision.
(C) She cannot access some information.
(D) She left some forms in her office.

39. What new requirement does the man mention?

(A) A business card
(B) A qualification
(C) A signature
(D) A photograph

PART 3

解答解説

🔊 172-173

Questions 1 through 3 refer to the following conversation.

1. 女性で狙う　　　　　1. help で絞る

🏴 W: Hi, Charlie. **Can you help me**? A number of people have applied for the IT technician job we're offering, and I need someone to **sort out their résumés**.

1. résumé で撃つ

🍁 M: Sure, I can do that. Would you like me to **arrange them according to how much experience each one has**?

2. 男性で狙う　　　　　2. Would you like me で絞る

W: That would be great. **There are** about **forty in the pile** there on my desk. **Please take those and go through them**. I'd like to call a few applicants later and invite them for an interview.

3. Please で絞る

M: All right. **I'll get started**.

☐ sort out ～を分類する　☐ according to ～によって　☐ pile 图 (積み上げられた) 山
☐ go through ～を (詳しく) 調べる、やり通す

問題 1 ～ 3 は次の会話に関するものです。

女性： ねえ、Charlie。ちょっと手を貸してくれる？ 今募集している IT 技術者の職に多くの応募が来てるんだけど、誰かに履歴書を仕分けしてほしくて。

男性： もちろん、できますよ。応募者の経験がどれくらいかで分けましょうか。

女性： 助かるわ。私の机の上にあるのはだいたい 40 通。それを持っていって取り掛かって。あとで何名かに電話して面接をする予定よ。

男性： 承知いたしました。早速始めます。

1. What does the woman need help with?

(A) Completing a form
(B) Training a technician
(C) Organizing **résumés**
(D) Checking inventory

女性の声で狙います。Can you のあとに集中し、手伝ってほしい内容を聞き取ります。sort out と (C) Organizing の言い換えに気づけずとも、résumés で (C) を取れれば OK です。

2. What does the man ask about?

(A) **A procedure**
(B) A business
(C) A schedule
(D) A service

男性の声で狙います。Would you like me で聞いているので、その後に集中です。ここでは履歴書の整理の仕方について尋ねているので、(A) が正解です。

3. What will the man probably do next?

(A) Send out invitations
(B) Pick up a **pile** of documents
(C) Review an article
(D) Call some people

There are ~ で狙い、女性の Please で絞ります。those は前の forty ~（＝集まった履歴書）を指しているので、(B) を撃つ準備をしてください。take と pick up の言い換えです。

PART 3

---

1. 女性は何を手伝ってもらう必要がありますか。

(A) 用紙に記入すること
(B) 技術者を訓練すること
(C) 履歴書を整理すること
(D) 在庫を確認すること

2. 男性は何について尋ねていますか。

(A) 手順
(B) 仕事
(C) スケジュール
(D) サービス

3. 男性は次におそらく何をしますか。

(A) 招待状を送る
(B) 書類の山を手に取る
(C) 記事を論評する
(D) 何人かに電話する

Questions 4 through 6 refer to the following conversation.

> 4. 男性で狙う　　4. keycard で絞る

🇦🇺 **M:** Here's the **keycard** for your **room**, Ms. Ferguson. The **porter** will help you with your **luggage** and show you where your room is.

> 5. 女性で狙う　　　　　5. wondering で絞る

🇺🇸 **W:** Thank you. **I was wondering if you have a photocopier.** I'll be leading a meeting in your conference room, and I want to give everyone a copy of the agenda.

M: Well, we have a business center, which is always open for our guests. You'll find what you need in that **room**. The price is ten cents per page.

> 6. room で絞る。次の女性の問いかけで撃つ

W: Great. **Is it on this floor?**

M: Yes, it's just past the staircase to your left. You can unlock the door with your room key.

□ luggage 图荷物　□ agenda 图議題、会議事項　□ staircase 图階段

問題 4 ～ 6 は次の会話に関するものです。

男性：Ferguson さん、こちらがお部屋のキーカードです。ポーターがお荷物をお持ちし、お部屋にご案内いたします。

女性：ありがとうございます。コピー機はありますか。こちらの会議室で打ち合わせを取り仕切ることになっているんですが、参加者全員に議題を渡したいんです。

男性：ええ、ビジネスセンターがあり、宿泊のお客様向けに常時開いております。そちらで必要なものは揃うはずです。1 ページ 10 セントです。

女性：助かります。このフロアでしょうか。

男性：はい、階段を過ぎてすぐ左です。ルームキーで入室できますよ。

4. Who most likely is the man?

    (A) An airport security guard

    (B) **A front desk clerk**

    (C) A conference organizer

    (D) A store manager

正解	B

男性の声で狙います。keycard で絞ったのち、room で (B) を撃ちます。その後の porter や luggage もヒントになっています。

5. What does the woman want to do?

    (A) Set up a conference call

    (B) Attend a seminar

    (C) Move some luggage

    (D) Make some **copies**

正解	D

女性の声で狙います。wondering で女性のしたいことを絞り photocopier が聞こえたらすぐ (D) を選びます。

6. What does the woman ask about?

    (A) The price for a service

    (B) The password for a file

    (C) The **location** of a **room**

    (D) The details of an order

正解	C

会話の後半で男性の room が聞こえたら (C) に絞り、女性の発言で floor が聞こえた瞬間、(C) に決めます。

PART 3

---

4. 男性は誰だと考えられますか。

    (A) 空港の警備員

    (B) フロントの係員

    (C) 会議の主催者

    (D) 店長

5. 女性は何がしたいのですか。

    (A) 電話会議を設定する

    (B) セミナーに参加する

    (C) 荷物を移動する

    (D) コピーをとる

6. 女性は何について尋ねていますか。

    (A) サービスの値段

    (B) ファイルのパスワード

    (C) 部屋の場所

    (D) 注文の詳細

176-177

Questions 7 through 9 refer to the following conversation.

7. 開始6秒で決める

W: I can't believe how long it took to find **a place to park**, and look at all the people here. **Is the mall usually this busy?**

8. 男性で狙う

M: **There's a huge sale this weekend.** I've never seen it this crowded, though. But the gift shop I was telling you about is right next to the food court over there.

W: OK. By the way, I appreciate your coming along to help me pick out a retirement gift for my colleague.

9. 男性で狙う

M: No problem. The place we're going to has a big selection, and their items are always **reasonably priced** whether they're having a sale or not.

9. reasonably priced で撃つ

□ mall 图 ショッピングセンター　□ huge 形 巨大な　□ retirement 图 引退　□ colleague 图 同僚
□ reasonably 副 手頃に

問題7～9は次の会話に関するものです。

女性： 駐車できる場所を見つけるのにこんなに時間がかかったなんて信じられない。あの人だかりを見てよ。このモールはいつもこんなに混んでいるの？

男性： 今週末は大々的にセールがあるんだよ。こんなに混んでいるのは初めてだけどね。でも、さっき君に話したギフトショップは向こうのフードコートのすぐとなりだよ。

女性： わかったわ。ところで、同僚の退職祝い選びに付き合ってくれてありがとう。

男性： 問題ないさ。見に行く売り場は商品が豊富だし、セールになっていてもそうじゃなくても品物はいつもリーズナブルだよ。

7. Where does the conversation most likely take place?

(A) At a cafeteria
(B) At a concert hall
(C) At a shopping **mall**
(D) At a community center

正解　C

「場所」問題は冒頭で勝負です。mall が出た瞬間に決めて、次の問題に意識を向けてください。

8. Why does the man say, "There's a huge sale this weekend"?

(A) To suggest a plan
(B) To offer a **reason**
(C) To correct the woman
(D) To reassure the woman

正解　B

女性の驚きに対して答える男性の発言がポイントです。驚いているのは mall の混雑具合。huge sale はその理由になり得ます。

9. What does the man emphasize about a business?

(A) Its spacious layout
(B) Its customer service
(C) Its **reasonable prices**
(D) Its membership program

正解　C

次に聞くべきは男性とわかっているので問題 8 を終えたあとは、流れを把握しながら聞きます。男性の声が出たところでギアを上げ、reasonably priced で撃ちます。

---

7. 会話はどこで行われていると考えられますか。
   (A) 食堂
   (B) コンサートホール
   (C) ショッピングモール
   (D) コミュニティセンター

8. 男性はなぜ "There's a huge sale this weekend" と言っているのですか。
   (A) 計画を提案するため
   (B) 理由を教えるため
   (C) 女性の誤りを訂正するため
   (D) 女性を安心させるため

9. 男性は店の何について強調していますか。
   (A) 広々としたレイアウト
   (B) 客へのサービス
   (C) 手頃な価格
   (D) 会員プログラム

問題8は意図問題でした。意図問題の攻略については Part 4 で詳しく解説していますが、このセットを使って基本的な解き方を紹介します。

意図問題の解き方

① 3 つの問題のどこに意図問題が入っているかを確認
② 意図問題の対象となる発言を訳す

　すべて先読みの段階で行う内容です。詳しく見ていきましょう。

① 3 つの問題のどこに意図問題が入っているかを確認

　問題 7 ～ 9 のセットでは 2 問目に意図問題があります。意図問題はピンポイントで「撃つ」方法が使えません。会話の流れの中で、話者がどんな意図を持っているかが問われているので、そこまでの発言をすべて聞く必要があります。設問からわかるのは「意図問題は 2 番目」「意図が問われるフレーズ ("There's a huge sale this weekend") は男性の発言」の 2 点です。このフレーズが出るまでは会話の流れを意識して聞きます。以下で図解します。

※ 実際には、もちろん男性・女性のどちらから始まるかはわかりません。けれど意図問題が 2 問目にあるので、おそらく女性から始まり、男性がそれに応答する中に There's a huge sale this weekend が入ってくる、と予測します。

7. 開始 6 秒で撃つ。

8. 意図問題は 2 番目
"There's a huge sale this week-end" が出てくるまで**流れを意識して聞く**。
「流れを意識」とは、女性の発言に対して**男性がどんな気持ちで There's a huge sale this weekend と言っているか**を考える、ということです。

"There's a huge sale this weekend"

9. 男性で絞り、reasonably priced で撃つ。

172

② 意図問題の対象となる発言を訳す

"There's a huge sale this weekend" が訳せる → 解答する、

この英文が訳せない→この問題は捨てて、問題 7 と問題 9 に集中です。

　会話を聞いていれば、There's a huge sale this weekend が訳せなくても正解できる、なんてことはありません。潔く諦めて、残りの 2 問を取ることに集中してください。以下は訳せた場合の解法です。

"There's a huge sale this weekend"→「週末に大々的にセールがあるんだよ」が男性の発言です。

　これを左ページの図に当てはめると、

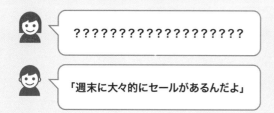

となります。

　なお、訳すときはできるだけカジュアルなものにするのがオススメです。「今週末、非常に大きなセールがあります」といったよそよそしい訳よりも、友人同士の会話など、2 人の関係が近い設定で考えたほうが意図をくみとりやすいからです。

　さて、ここまで考えて初めて女性の発言内容がポイントになってきます。男性が「週末に大々的にセールがあるんだよ」と話すような内容を、その前に女性が言うはずです。「なんでそんなわくわくしてるの?」「ずいぶん入念にサイトをチェックしてるんだね」など。いずれにしても、男性が「週末に大々的にセールがあるんだよ」と言うことは確かなわけです。解答する際は、男性にそう言わせた女性の発言を「興味津々」で聞きましょう。

　あとはどう解答するか。意図問題に対して「これは難しそう……」と思うか「ラッキー! 女性の話に気をつけてるうちに 7 も解けそう! これ、どこでの会話? てか、男性軽くヒント出してない? なんかセールとか言ってるけどデパート? モール? アウトレット?」と考えるかで心理的なハードルもだいぶ違います。

Questions 10 through 12 refer to the following conversation.

10. 目的問題も冒頭で狙う。男性の声で解答準備

🇨🇦 **M:** Hello, this is Dave Sellick at the Gatsville Health Department. We understand that you're planning to open your bakery soon, so **I'm calling to** schedule a time for us **to inspect** the premises.

10. I'm calling to で絞る

10. inspect で撃つ

11. unfortunately で problem の気配

🇺🇸 **W:** Thank you for calling, but **unfortunately** we're running behind schedule. You see, the renovations we're having done **aren't finished yet**.

11. yet まで聞いて解答

M: I see. Well, you won't be able to obtain a permit from us until after that work is done.

W: Everything should be ready by around February 15. Why don't I call your department around then to **decide** on a date?

M: That would be great. Our number is 555-0172.

□ inspect 動 ～を検査する　□ premise 名 敷地　□ run behind ～に遅れる　□ obtain 動 ～を得る
□ permit 名 許可証

問題 10 〜 12 は次の会話に関するものです。

男性： こんにちは。Gatsville Health Department の Dave Sellick です。近々パン屋を開業されるとのことですので、お店の検査日の時間をご相談したいと思い、お電話しました。

女性： せっかくお電話いただいたのですが、残念ながら予定が遅れております。ご存じのように、今行っている改修工事がまだ終わっていないんです。

男性： なるほど。そうなりますと、その工事が終わるまでこちらとしては許可証を発行できません。

女性： 2 月 15 日頃にはすべて準備が整うはずなんです。その頃に、日程を決めるお電話をしてもよろしいでしょうか。

男性： それで問題ありません。当課の番号は 555-0172 です。

10. What is the purpose of the man's call?

(A) To introduce a new procedure
(B) To arrange for an **inspection**
(C) To address a customer complaint
(D) To inquire about merchandise

正解　B

125 ページで学んだ不定詞の副詞的用法を使います。I'm calling to で絞ったのち、すぐに答えが出なくても次の to inspect まで待ってください。

11. What problem does the woman mention?

(A) Some records are incorrect.
(B) An employee is unavailable.
(C) An item is out of stock.
(D) A job is **incomplete**.

正解　D

unfortunately（残念ながら）のあとで何が問題なのかを絞ります。yet は否定文とセットで「まだ」です。(A) incorrect と (D) incomplete の in は否定の接頭語です。

12. What does the woman imply when she says, "Everything should be ready by around February 15"?

(A) A grand opening celebration will be postponed.
(B) A business cannot make deliveries now.
(C) A **decision** can be made around that time.
(D) A deadline is still being negotiated.

正解　C

会話の流れを問う問題です。男性の電話は検査日程の決定についてでした。工事が終わっていない→ 2/15 辺りに should be ready からの Why don't I に女性の意図が現れます。問題 10 を解いたときの文脈を活かしたい問題です。

PART 3

---

10. 男性の電話の目的は何ですか。
　(A) 新しい手順を説明する
　(B) 検査の段取りをする
　(C) 客の不満に対応する
　(D) 商品について尋ねる

11. 女性はどんな問題について話していますか。
　(A) いくつかの記録が間違っている。
　(B) 従業員が手配できない。
　(C) 商品の在庫がない。
　(D) 仕事が完了していない。

12. 女性は "Everything should be ready by around February 15" という発言で何を示唆していますか。
　(A) 新装開店の祝賀会は延期される。
　(B) 今は商品を配達できない。
　(C) 決定はその頃にできる。
　(D) 締切はまだ交渉中だ。

◄)) 180-181

Questions 13 through 15 refer to the following conversation.

13. 女性で狙う   13. be + -ing で絞る   13. 撃つ

🏴 **W:** Brian, I'**m planning** for our exhibit at the **trade fair** in Edinburgh next month. **We'll need posters** of our products to put up inside our booth.

14. design で撃つ   14. We で狙う

🇨🇦 **M:** OK, I **can design** those for you. Do you have any specific products in mind?

15. space for posters で絞る

W: Yes, I want to show our latest wireless headphones. But there won't be a lot of **space for posters**, so they'll have to be fairly **small**. Do you have a few minutes to talk about the size now?

M: Sure. But first, let me find some poster paper in the storeroom so you can see what **sizes** we can use.

15. size で撃つ

□ booth 图 ブース　□ specific 形 具体的な　□ fairly 副 かなり　□ storeroom 图 倉庫

問題 13 ～ 15 は次の会話に関するものです。

女性： Brian、来月 Edinburgh で行われる見本市で展示をする予定なの。ブース内に貼る会社の製品のポスターが要るわ。

男性： わかりました。僕が作れますよ。この製品っていうのは考えにありますか。

女性： ええ、最新のワイヤレスヘッドホンがいいと思ってる。でもポスターを貼る場所がそんなに広くないから、かなり小さめにしないと。サイズについて今ちょっと話せる？

男性： もちろんです。でも先に、どのサイズを使えるか把握できるように、倉庫に行ってポスター用紙を探してきます。

13. What does the woman say will happen next month?

(A) A product launch
(B) A city festival
(C) A **trade fair**
(D) A staff meeting

正解 **C**

next month は文の終わりに発話されるため、冒頭の be ＋ -ing を聞いた瞬間に絞っておく必要があります。

14. Who most likely is the man?

(A) A graphic **designer**
(B) A market researcher
(C) A software developer
(D) An interior decorator

正解 **A**

女性が男性に "We" と言っているため、この2人は同僚であることがわかります。男性の I can は「彼ができること」＝「その分野の人」のヒントです。

15. What will the speakers most likely discuss next?

(A) Some product sales
(B) Some project dates
(C) Some survey results
(D) Some poster **sizes**

正解 **D**

speakers の「何する」問題です。つまり男女両方の発話がヒントになります。女性の poster や small といったワードで絞り、男性の sizes で決めてください。

13. 女性は来月何があると話していますか。
　　(A) 商品の発売開始
　　(B) 市の祭り
　　(C) 見本市
　　(D) スタッフ会議

14. 男性は誰だと考えられますか。
　　(A) グラフィックデザイナー
　　(B) 市場調査員
　　(C) ソフトウエア開発者
　　(D) インテリア装飾家

15. 話し手たちは次に何を話し合うと考えられますか。
　　(A) 製品の売上
　　(B) プロジェクトの日程
　　(C) アンケート結果
　　(D) ポスターのサイズ

Questions 16 through 18 refer to the following conversation with three speakers.

16. 絞る   16. 撃つ

M: **Welcome** to the Lawrence **Art Gallery**. Would you like to purchase a ticket?

W1: Actually, I was here this morning, and I think I left my hat on a bench in one of your exhibition rooms.

17. 男性で狙う   17. Rebecca で絞る   17. 撃つ

M: OK, I'll see if one's been found. **Rebecca, could you check for a hat in the lost-and-found box** for me?

W2: Oh, our cleaning staff found one a little while ago. It's blue with a yellow stripe, and it's in their **office**.

M: Does that sound like yours, ma'am?

W1: Yes, that's probably it.

W2: Then please wait here at reception for a minute, and I'll go **get it for you**.

□ exhibition room 名 展示室　□ stripe 名 縞　【設問】□ florist shop 名 花屋

問題 16 〜 18 は次の 3 人の会話に関するものです。

男性：　Lawrence 美術館へようこそ。チケットを購入されますか。

女性 1：実は私、今朝ここに来ていまして、展示室のベンチに帽子を置き忘れたと思うんです。

男性：　わかりました。届いているか確認いたします。Rebecca、遺失物置き場に帽子があるか確認してもらえますか。

女性 2：ああ、清掃スタッフがついさっき帽子を見つけましたよ。青地に黄色のストライプのもので、清掃部オフィスにあります。

男性：　お客様のものの可能性はありますか。

女性 1：ええ、きっとそうです。

女性 2：では受付でしばしお待ちください。すぐに取ってきます。

16. Where does the conversation take place?

(A) At a clothing store
(B) At an **art gallery**
(C) At a florist shop
(D) At a dry cleaner

正解 　B

開始6秒で決めます。Welcome to ...の呼びかけは「場所」問題の典型的なヒント語です。

17. What does the man ask Rebecca to do?

(A) Buy some batteries
(B) Change her schedule
(C) **Check** inside a box
(D) Find a sign-up sheet

正解 　C

先読みの段階で "Rebecca" のように具体的な名前が出たら「3人での会話」のサインです。130ページで学んだ「askのはなし」に沿って、丁寧に「男性→頼む→Rebecca」という構図をセットしましょう。Could you ~ と依頼する表現も解答の気配を出しています。

18. Where will Rebecca probably go next?

(A) To a supermarket
(B) To an **office**
(C) To a hotel
(D) To a station

正解 　B

女性2の Oh ... という発言で帽子が office にあることは述べられていますが、go（行く）とは言っていないので最後まで聞きます。最後の get it for you まで聞いたら取りにいき、(A)(C)(D) がまったく関係ないことを確認して (B) を選びましょう。

PART 3

---

16. 会話はどこで行われていますか。
    (A) 服屋
    (B) 美術館
    (C) 花屋
    (D) ドライクリーニング店

17. 男性は Rebecca に何をするよう頼んでいますか。
    (A) バッテリーを買うこと
    (B) 彼女のスケジュールを変更すること
    (C) 箱の中を調べること
    (D) 申込書を探すこと

18. Rebecca は次におそらくどこへ行きますか。
    (A) スーパーマーケット
    (B) オフィス
    (C) ホテル
    (D) 駅

🔊 184-185

Questions 19 through 21 refer to the following conversation.

19. 女性で狙う   19. just moved で撃つ

W: Hi, my name is Debbie. I **just moved into the house** across the street from yours.

M: Oh, hi, Debbie. Welcome to the neighborhood. I'm Yoshio.

W: It's a beautiful area, and I heard there's a community garden nearby.

20. 男性で狙う   20. local residents で絞る

M: Yes, it's on Amity Road. There are about sixty individual plots, and **local residents can rent** up to three of them.

20. 撃つ

W: Oh, I love gardening, so I'm happy to hear that. Do you know how much the rental fee is?

21. 男性で狙う   21. include で絞る

M: It's ten dollars a month, which **includes the use of the gardening tools**.

21. 撃つ

☐ neighborhood 图 近所　☐ individual 形 個人の　☐ plot 图 区画地

問題 19 〜 21 は次の会話に関するものです。

女性：こんにちは、私は Debbie です。お宅の道路を挟んで向かいに引っ越してきたばかりです。

男性：そうですか、こんにちは Debbie。ご近所としてよろしく。僕は Yoshio です。

女性：ここはきれいな場所ですね。近所にコミュニティガーデンがあると聞いたんですが。

男性：ありますよ、Amity 通り沿いです。だいたい 60 の個人用区画地があって、地域住民は 3 つまで借りられます。

女性：まあ、ガーデニングが大好きなので、そううかがってうれしいです。賃料はいくらかご存じですか。

男性：ガーデニング用品の利用料込みで、月 10 ドルです。

180

19. What has the woman recently done?

(A) Asked for instructions
(B) Forwarded a message
(C) Planted a garden
(D) **Moved into a house**

「何した」問題は過去形に注意です。

20. According to the man, what are local residents permitted to do?

(A) **Rent** multiple spaces
(B) Enter a competition
(C) Park vehicles on a street
(D) Set up barbecues in an area

男性・local residents と設問から絞りやすい問題です。Yes と男性の声が始まったらギアを上げます。

21. What does the man say is included in a fee?

(A) A community newsletter
(B) A tour of a facility
(C) The **use** of some **tools**
(D) The cost of postage

再び男性の声に集中します。今回は問題 20 を解いてから 21 のヒントが流れるまで少し時間がありましたが、問題によっては一気に解かなければならないこともあります。

PART 3

---

19. 女性は最近何をしましたか。
  (A) 指示を仰いだ
  (B) メッセージを転送した
  (C) 庭に植物を植えた
  (D) 家に引っ越した

20. 男性によると、地元の住人は何を許可されていますか。
  (A) 複数の場所を借りること
  (B) コンテストに参加すること
  (C) 道路に車両を停めること
  (D) ある場所でバーベキューをすること

21. 男性は料金に何が含まれていると言っていますか。
  (A) 市のニュースレター
  (B) 施設のツアー
  (C) 道具の利用
  (D) 郵便の費用

⏺ **186-187**

Questions 22 through 24 refer to the following conversation.

22. 冒頭の呼びかけで絞る   22. 撃つ

M: Hey, **Carla**. Are you going to my **training session** for the customer service team? I'm about to get started in Room B.

23. 女性、Unfortunately で絞る

W: Unfortunately, I can't go. I'll be in a teleconference with a major client at the same time. I was really hoping to **attend** it, though.   24. 男性、why don't I で絞る

M: In that case, **why don't I set up my tablet and record it?** That way, you'll be able to watch the video when you're not busy.

W: Thanks! That's a great idea, and I look forward to watching it.

□ teleconference 名 テレビ会議　□ client 名 クライアント、顧客　□ record 動 〜を録画する

問題 22 〜 24 は次の会話に関するものです。

男性：Carla、カスタマーサービス向けの僕の研修には来る？ B 室でもう始まるよ。

女性：ですが、行けません。同じ時間に大事なお客様と電話会議があるんです。本当に行きたかったんですけど。

男性：それなら、タブレットをセットして録画しておこうか？ そうすれば君が忙しくないときに録画を見られるし。

女性：ありがとうございます！ いいアイデアですね。見るのが楽しみです。

182

22. What are the speakers discussing?

(A) A research study
(B) **A training session**
(C) A company relocation
(D) A board meeting

相手に呼びかけて話題を提供しています。「話題」問題なので冒頭 6 秒で決めましょう。

23. Why does the woman apologize?

(A) She left a computer on.
(B) She called the wrong client.
(C) She has misplaced a document.
(D) She is **unable to attend** an event.

実際に sorry などの謝罪の言葉を待つのは危険です。この場合は研修に出られないことを謝っています。

24. What does the man offer to do?

(A) Accept an assignment
(B) Revise a deadline
(C) Make a **recording**
(D) E-mail a client

why don't I *do*? は「(私が) 〜しましょうか」です。

---

22. 話し手たちは何について話していますか。
    (A) 調査研究
    (B) 研修
    (C) 会社の移転
    (D) 役員会議

23. なぜ女性は謝っていますか。
    (A) コンピューターの電源をつけたままにした。
    (B) 間違った客に電話をかけた。
    (C) 文書を置き忘れた。
    (D) あるイベントに参加できない。

24. 男性は何をすると申し出ていますか。
    (A) 仕事を引き受ける
    (B) 締切を修正する
    (C) 録画する
    (D) 顧客にメールを送る

Questions 25 through 27 refer to the following conversation with three speakers.

25. 狙う

🇬🇧 **W:** Jonathon, you're going to **write an article** about today's **music festival** in Dewberry Park, right?

25. edition で絞り、paper で撃つ

🇨🇦 **M1:** Yes, it'll be in tomorrow's **edition of the paper**. But which photographer is going there with me?

26. 絞る

W: I haven't assigned anyone yet. **Marcus**, can you go with him now to take a few pictures?

26. さらに絞る　　26. 撃つ

🇦🇺 **M2:** Sure, but I **forgot to recharge** my camera battery, so I'll have to get the spare one from my car in the parking lot first.

M1: That's fine, Marcus. And since the park is so close by, let's walk there.

27. 絞る

M2: All right. I'll get the battery now and **then we can go to the event**.

☐ edition 图 版、部　☐ paper 图 新聞　☐ assign 動 〜を割り当てる

問題 25 〜 27 は次の 3 人の会話に関するものです。

女性：　Jonathon、Dewberry 公園で行われる今日の音楽祭についての記事を書きますよね。

男性 1：はい、明日の新聞に載る予定です。でもカメラマンは誰が私に同行するんですか。

女性：　まだ誰も割り当ててないんです。Marcus、写真撮影のために今から彼と一緒に行ってもらえる？

男性 2：もちろんです。でもカメラのバッテリーを充電するのを忘れていたので、先に駐車場に行って車から予備のバッテリーを取ってこないといけません。

男性 1：問題ないよ、Marcus、駐車場はすぐそこだから一緒に歩いて向かおう。

男性 2：わかりました。すぐにバッテリーを取って、そのあとイベントへ向かいましょう。

25. Where does the conversation most likely take place?

(A) At a studio
(B) At a stadium
(C) **At a newspaper**
(D) At a factory

正解 **C**

「場所」問題ですが、冒頭 6 秒でヒント が出ないので、1 人目の男性が話すま で待ちます。

26. What does Marcus explain to the woman?

(A) He is still working on an assignment.
(B) He **forgot to recharge a battery.**
(C) His friend has borrowed his car.
(D) His camera is being repaired.

正解 **B**

Marcus の名は必ず会話の中で発話さ れます。呼びかけに反応している声 (こ の場合は Sure) が Marcus です。

27. Where will the men probably go next?

(A) To a **music festival**
(B) To a car repair shop
(C) To a copy room
(D) To a product demonstration

正解 **A**

会話が終わって「ん？　ヒントがない」 とあわてずに。event が何であるかを 冒頭の発言から思い出して (A) を選び ます。またこの問題の men (複数) や 問題 26 の Marcus (名前) から、先読 みの段階で「3 人の会話」とわかります。

PART 3

---

25. 会話はどこで行われていると考えられますか。
    (A) スタジオ
    (B) スタジアム
    (C) 新聞社
    (D) 工場

26. Marcus は女性に何を説明していますか。
    (A) 彼はまだ仕事に取り組んでいる。
    (B) バッテリーを充電するのを忘れた。
    (C) 友人が彼の車を借りた。
    (D) 彼のカメラは修理中だ。

27. 男性たちは次におそらくどこへ行きますか。
    (A) 音楽祭
    (B) 自動車修理店
    (C) コピー室
    (D) 製品実演

Questions 28 through 30 refer to the following conversation.

28. technical support で狙う

🇨🇦 **M:** Thank you for calling the Vizia Computers **technical support** line. How can I help you?

28. four desktops で絞る

🇺🇸 **W:** Hi, I work for Wilcox Insurance, and **we bought four desktops** from your Daimler Street store. Three work perfectly fine, **but one won't turn on**.

28. won't turn on で撃つ

29. serial number で撃つ

M: I'm sorry to hear that. **Can you give me the serial number, please**?

W: Sure, it's LTX-9047. I'm concerned there's a problem with its power supply.

M: Well, what you can do is return it to our store. But **please remember to bring the receipt** so our staff can replace it for you.

W: OK, I'll do that. Thanks for your assistance.

□ insurance 名 保険　□ concern 動 ～を心配させる　□ power supply 名 電源
□ replace 動 ～を交換する　□ assistance 名 支援、援助

問題 28 ～ 30 は次の会話に関するものです。

男性：お電話ありがとうございます。Vizia Computers の技術サポート係です。ご用件をうかがいます。

女性：Wilcox 保険の者ですが、Daimler 通りの店舗でデスクトップ型のコンピューターを 4 台購入しました。3 台はまったく問題ないのですが、1 つ電源がつかないんです。

男性：それは申し訳ありません。シリアルナンバーを教えていただけますか。

女性：はい、LTX-9047 です。電源に問題があるのかもしれないと思っています。

男性：承知いたしました。弊社店舗まで返品していただければと思います。弊社スタッフが交換できるよう、レシートをお忘れなくお持ちください。

女性：わかりました、そうします。ご丁寧にありがとうございます。

28. What problem are the speakers discussing?

(A) An appliance overheated.

(B) A shipment was not delivered.

(C) A warranty has already expired.

(D) **A device will not start.**

technical support 係の声は男性です。つまり何かしらの問題を抱えているのは女性と考えられます。したがって、女性の Hi から集中します。

29. What information does the man request?

(A) A model name

(B) **A serial number**

(C) A transaction date

(D) A file password

男性の声→狙う、Can you ~ →絞る、serial number で撃つ、という流れで解答します。

30. What does the man remind the woman to do?

(A) Contact a supplier

(B) Back up some data

(C) **Bring a receipt**

(D) Submit a complaint

男性の声→狙う、Please remember ~ →絞る、bring the receipt で撃つ、という流れで解答します。

28. 話し手たちはどんな問題について話していますか。

(A) 電化製品が過熱した。

(B) 配送が届いていない。

(C) 保証の期限が切れた。

(D) 機器が起動しない。

29. 男性はどんな情報を求めていますか。

(A) 製品のモデル名

(B) シリアル番号

(C) 購入日

(D) ファイルのパスワード

30. 男性は女性に何について念を押していますか。

(A) 業者に連絡すること

(B) データのバックアップをとること

(C) レシートを持ってくること

(D) 苦情を申し立てること

Questions 31 through 33 refer to the following conversation and chart.

31. have you で絞る

31. questionnaire で撃つ

M: Rachel, **have you gone over the results of the questionnaire our travel agency sent** to regular customers last month?

W: Yes, and I couldn't believe that so many of them first heard about us from either a radio commercial or flyer.

32. have to increase で絞る

M: Me, too. I also had a look at this graph showing how much we're spending on different types of advertising. We **have to increase the lowest percentage**, as our business should be reaching more customers that way.

33. 女性で狙う、working on で
絞る、budget ~ で撃つ

32. 撃つ

W: I totally agree. **I'm working on the budget proposal** for next year. I'll tell the marketing team to spend more on that.

□ go over ～を調べる　□ result 图 結果　□ questionnaire 图 アンケート（用紙）
□ budget 图 予算　□ proposal 图 提案

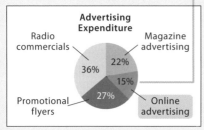

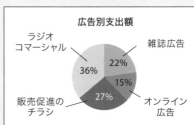

問題 31 ～ 33 は次の会話と図に関するものです。

男性： Rachel、うちの旅行代理店が先月、常連さんたちに送ったアンケートの結果はもう調べた？

女性： ええ、当社について最初に見聞きしたのがラジオ CM かチラシだっていう人がすごく多くて、ちょっと信じられない気持ちです。

男性： 僕もだよ。あと、僕はわが社がさまざまな種類の広告にどれだけ予算を使っているのかを表すグラフも見たんだ。パーセンテージが一番低いものは増やさなきゃいけない。僕たちの会社がそこでもっと認知されるようにね。

女性： まったく同感です。来年の予算案を作っているので、マーケティング部にそこへもっと費用をかけるように伝えます。

31. What did the business do last month?

(A) It hired some salespeople.

(B) It distributed a **questionnaire.**

(C) It opened a new location.

(D) It offered a group discount.

正解　B

会話冒頭の have you ~ で絞り、questionnaire で決めます。すぐあとの sent と (B) distributed が言い換えられています。

32. Look at the graphic. What type of advertising do the speakers want to spend more on?

(A) Magazine advertising

(B) **Online advertising**

(C) Promotional flyers

(D) Radio commercials

正解　B

have to increase（増やさなければならない）のあとに lowest percentage とあります。グラフで最も低い割合は (B) Online advertising です。

33. What is the woman working on?

(A) A travel itinerary

(B) A brochure design

(C) A business logo

(D) **A budget proposal**

正解　D

一連の「狙う→絞る→撃つ」をおさらいする問題です。正解できていたら自信を持ってください。

---

31. その会社は先月何をしましたか。

  (A) 営業部員を雇った。

  (B) アンケートを配布した。

  (C) 新しい支店をオープンした。

  (D) グループ割引を提供した。

32. 図を見てください。話し手たちはどんなタイプの広告にさらに費用をかけたいですか。

  (A) 雑誌広告

  (B) オンライン広告

  (C) 販売促進のチラシ

  (D) ラジオコマーシャル

33. 女性は何に取り組んでいますか。

  (A) 旅行の日程

  (B) パンフレットのデザイン

  (C) 会社のロゴ

  (D) 予算提案

問題 32 は図表問題でした。図表問題の攻略については Part 4 で詳しく解説していますが、このセットを使って基本的な解き方を紹介します。

図表問題の解き方

① 3 つの問題のどこに図表問題が入っているかを確認
② 図表問題の図と選択肢をチェック

意図問題（p. 172）同様、すべて先読みの段階で行う内容です。詳しく見ていきましょう。

① 3 つの問題のどこに図表問題が入っているかを確認

問題 31 〜 33 のセットでは 2 問目に入っています。TOEIC では、図表問題に限らず、問題の順序とヒントの出る順序は基本的に一致しています。

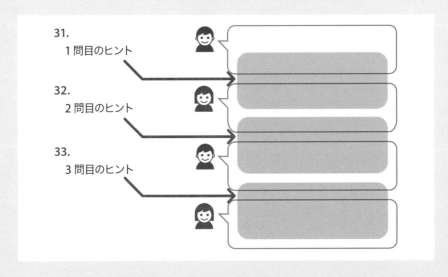

必ず設問順にヒントが流れるというわけではありませんが、実際に問題を解いていくと、ほとんどがこの流れになっています。ここでは図表問題が 2 問目なので、この問題のヒントは、問題 31 のあとに出ると「絞り」ます。

② 図表問題の図と選択肢をチェック

32.

(A) Magazine advertising
(B) Online advertising
(C) Promotional flyers
(D) Radio commercials

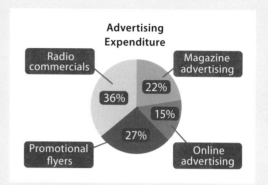

　このときに、選択肢と図表問題で**共通して出てくる箇所を把握**しておきます。選択肢と共通している部分は図の ▇▇ 部です。

　音声でこの ▇▇ 部が出てくることはありません。つまり、図表問題では**「同じ音、似た音」は流れない**、と覚えておいてください。ヒントとなるのは ▇▇ 部と対になっている場所です。円グラフでは ▇▇ の部分です。これが**「言い換え」**だと思ってください。

　音声では、この ▇▇ の部分が具体的に数字としてそのまま出てきたり、「最も大きな割合（36%）」や、「2番目に大きな割合（27%）」と出てきたりします。会話で出てくるのは選択肢の言い換え（対になる部分）だという点をしっかり意識してください。

　なお、図表問題を解答したら、すぐに次の問題（この場合は問題33）に意識を移してください。図表があって問題用紙を大きく占めているからと言って、意図問題のようにそれまでの会話を全部聞く必要はありません。「金魚すくい」の感覚で解答できます。**絶対に敬遠せず、解答しにいってください。**

※ 図表問題の利用
　　図表問題は、図から会話の内容をある程度予測することができます。たとえば、このセットのグラフのタイトルは Advertising Expenditure（広告別支出額）です。これについて話している2人とは？（ちなみに図表問題で3人のパターンはありません）　そう考えれば、営業部のスタッフ、経営戦略を練る役員、広告代理店の社員など、ある程度予想できます。仮に外れても、こうして予想することは Prat 3 を解くのに大きな力になっていきます。

◀》194-195

Questions 34 through 36 refer to the following conversation and order form.

> 34. 女性で狙う

> 34. when ~ で撃つ

🇬🇧 **W:** Hello. I'm calling from Spectra Painters. We just placed an order on your Web site, and **I'd like to know when it can be delivered**.

> 35. 男性で狙い、policyで撃つ

🇨🇦 **M:** Thank you, and it's **our company's new policy** to deliver orders within twenty-four hours, as long as the customer is in the Miami area.

W: Great, and if our order hasn't already been sent out, **please add two more cans of royal blue paint to it**. We underestimated how much we'd need and ordered the wrong amount.

M: I understand. I'll add those to your order. You can expect everything to arrive by tomorrow morning.

☐ royal blue 图 ロイヤルブルー　☐ underestimate 動 ～を少なく見積もる　☐ amount 图 量

Order 70-3076　Customer: Spectra Painters	
Item	**Quantity**
Royal blue paint (5 liter can)	12
Light turquoise paint (5 liter can)	9
Paint roller with tray (set)	2
Paint brush (wide type)	3

注文番号 70-3076　お客様名：Spectra Painters	
商品	**数量**
ロイヤルブルー（5 リットル缶）	12
ライトターコイズ（5 リットル缶）	9
トレイ付きペイントローラー（セット）	2
刷毛（ワイド）	3

問題 34 ～ 36 は次の会話と注文フォームに関するものです。

女性：もしもし、Spectra Painters の者です。先ほど御社ウェブサイトで注文したのですが、配送はいつになりますか。

男性：ご注文ありがとうございます。弊社の新しい規約では Miami 地域内にお住まいであれば 24 時間以内にお届けいたします。

女性：よかったです。それで、もし発送がまだであればロイヤルブルーのペンキを 2 缶追加してもらえますか。必要量を見誤って間違った量を注文してしまったんです。

男性：承知いたしました。ご注文に加えておきます。明日の午前中にはすべて到着予定です。

34. What does the woman inquire about?

(A) A technical problem
(B) A Web site upgrade
(C) A product code
(D) **A delivery time**

35. What does the man say about his company?

(A) It has **a new policy**.
(B) It has a job opening.
(C) It has many branches.
(D) It has a large selection.

36. Look at the graphic. What quantity on the order form will the man change?

(A) **12**
(B) 9
(C) 2
(D) 3

PART 3

---

34. 女性は何について問い合わせていますか。
   (A) 技術的な問題
   (B) ウェブサイトの更新
   (C) 製品番号
   (D) 配送時間

35. 男性は彼の会社について何と言っていますか。
   (A) 新しい規則がある。
   (B) 求人をしている。
   (C) 多くの支店がある。
   (D) 幅広い品揃えがある。

36. 表を見てください。男性は注文フォームのどの数量を変更しますか。
   (A) 12
   (B) 9
   (C) 2
   (D) 3

Questions 37 through 39 refer to the following conversation and security pass.

> 37. human resources で撃つ

 W: Good morning, Jerry. **I've been transferred from human resources to operations management** on the tenth floor. I'll start there today. My position hasn't changed, but this security pass has to be updated right away, doesn't it?

 M: You can still access the building with it, but yes, we'll need to update it soon. I can do that now if you'd like.

> 38. Now isn't a good time ~ で絞る

W: Now isn't a good time, as **I'm about to leave headquarters for an appointment**.

> 38. appointment で撃つ

M: OK, and speaking of the pass, **management requires all new ones to include a headshot of the employee. That means we'll have to take your picture**, too.

> 39. 男性で狙い、management requires で絞り、picture で撃つ

W: Got it. I'll stop by your office again tomorrow.

□ transfer 動 〜を異動させる □ human resources 名 人事部 □ operation management 名 運用管理
□ headquarters 名 本社 □ headshot 名 顔写真 □ stop by 〜に立ち寄る

SECURITY PASS
POLYTRO CORPORATION

POLYTRO

Employee Name : Sasha Murphy
Department : Human Resources
Position : Director
Employee Number : 9346-15

‖‖‖‖‖‖‖‖‖‖‖‖‖‖‖‖‖‖‖

セキュリティパス
POLYTRO CORPORATION

POLYTRO

社員名：Sasha Murphy
部署：人事部
役職：部長
社員番号：9346-15

‖‖‖‖‖‖‖‖‖‖‖‖‖‖‖‖‖‖‖

問題 37 〜 39 は次の会話とセキュリティパスに関するものです。

女性： おはよう、Jerry。私、人事部から 10 階の運用管理へ異動になったのよ。今日がそこでのスタートなの。職位は変わらないんだけど、このセキュリティパスはすぐ更新しなきゃいけないわよね。

男性： 建物内へはそのままで入れます。でもそうですね、すぐ更新する必要があります。今やりましょうか。

女性： 今じゃないほうがいいわ。アポイントが入っていて本社へ行くから。

男性： わかりました。セキュリティパスですが、経営陣の意向で新しいパスはすべて社員の顔写真が必須になっています。つまり、あなたの写真も撮る必要がありますね。

女性： 了解。明日また、あなたのところに寄るわね。

37. Look at the graphic. What information on the security pass will be changed?

(A) Employee Name
(B) **Department**
(C) Position
(D) Employee Number

正解 B

図の見方がポイントになる問題です。パスの中で対になる部分を探し、「聞こえた語、言い換え」にならって撃ってください。

38. Why is the woman unable to have a task completed now?

(A) She is going to an **appointment**.
(B) She needs time to make a decision.
(C) She cannot access some information.
(D) She left some forms in her office.

正解 A

「理由」問題なので、まず task が完遂できないことが伝えられるはずです。女性の Now isn't a good time ~. から絞ります。逆に言えば、先読みの段階で女性が今何かを終えられないことがわかります。

39. What new requirement does the man mention?

(A) A business card
(B) A qualification
(C) A signature
(D) A **photograph**

正解 D

設問そのものが難しいと感じてもあわてずに。やることは常に「聞こえた語、言い換え」ベースです。picture が聞こえたら、落ち着いて (D) を選びましょう。

---

37. 図を見てください。セキュリティパスのどの情報が変更される予定ですか。
　　(A) 社員名
　　(B) 部署
　　(C) 役職
　　(D) 社員番号

38. 女性はなぜ今、仕事を終えられないのですか。
　　(A) アポイントに向かう。
　　(B) 決定に時間が必要である。
　　(C) いくつかの情報にアクセスできない。
　　(D) 用紙をオフィスに置いてきた。

39. 男性はどんな新しい要項について述べていますか。
　　(A) 名刺
　　(B) 資格
　　(C) サイン
　　(D) 写真

Part 3 が長く、難しいパートであることは事実です。だからこそ狙いを絞って撃つ、これを貫く演習をしました。複雑だからあれもこれもではなく、ブレない解き方が確立しつつあると思います。よくぞここまで頑張りました。もしかしたら、次の公開テストに対して小さな自信が芽生えてきているかもしれません。だとしたら、次の Part 4 でそれが確信になるでしょう。さあ、リスニングセクション最後のパートです。ここまで読み進めた自分を褒めてあげてください。

Part 3 おすすめ学習法

　Part 3 は箱根駅伝で言えば 2 区に相当する山場です。問題数、難易度ともに最大の難所となり、Part 3 の出来がリスニングのスコアを左右すると言っても過言ではありません。ここでは、本番の受験を想定した戦略と勉強法について紹介します。

① 「先読みの工夫と聞きどころの洗い出し」

　本書の実践問題 1 (p. 153) を例に確認します。

1. What does the woman need help with?

　　従来の先読み　　→　「女性は何を手伝ってもらう必要がありますか」

　　工夫した先読み　→　**「女性　助け　何?」**

　ご覧の通り、先読みを全訳→キーワード化しています。Part 3 は長丁場なので、39 問ある設問を全訳していると脳のスタミナが切れます (そしてさらに Part 4 も 30 問残っています)。そこで先読みをシンプルにすることで、スタミナ温存と先読みにかける時間を短縮しているわけです。Part 4 でも同じ方法が使えますので、計 69 問を全訳するか単純化するかで大きな違いが出てきます。実はこの方法、拙著『ゼロからのTOEIC® L&R 600 点 全パート講義』でも「訳出はざっと」として紹介しています。

　それをさらに実践的に強化させます。それが「聞きどころの洗い出し」です。図に表すと、

1. What does the woman need help with?

　　　↓ (聞かれていること)　　　↓ (聞くこと)

　　「女性　助け　何?」　　　　**「女性の声をお願いモードで聞く」**

となります。洗い出しは太字部分です。音声が流れる前に「ここに注意して聞くんだよね」と自分に自分のコーチをつけて作戦を明確にします。多くの受験生は先読みをしただけで解きにいっているのが実情ですが、それを続けるとヘトヘトになる (したがって最後の方は精度が落ちる) ことはすでに述べました。

　あなたは今、先読みを工夫して読むところまでは理解しています。それをさらに、**「どこを注意して聞くか」をあらかじめ明確にして解く**ところまでつっこんでほしいのです。

具体的には、実践問題の問題2なら、

> 男、尋ねていること

> 男性が "?" と聞くところ

2. What does the man ask about?

といったように [___] と [___] の2つの内容を書いてください。これを継続することで、漫然と聞くことを防ぎ、意識的・戦略的に聞く習慣が身につきます。

②「言い換えリスト作成」

①と同じくPart 4にも使える戦略が「言い換え」を利用したものです。Part 4では練習問題で言い換えの徹底演習をします。この言い換え、語彙力も重要ですが、より大切にしたいのが「1度出た言い換えは必ずモノにする」という意識です。ちょうど将棋の一手のように「そう来たか」と把握しておくことがあとで役に立ちます。

たとえば、先ほどの問題1の解説 (p. 167) では「sort out と (C) Organizing の言い換えに気づけずとも……」とあります。ここで、次回からは「そう来たか」と反応できるようになってほしいのです。

やり方は簡単。下の図のように、ノートに本書にある言い換えをメモしておくだけです。これがたまるにつれ、リスニングの3区と4区を快走できるようになります。

> 〈言い換えリスト〉
> sort out ≒ organize

Part 4

ここまで読み進めてきたあなたには、十分に正解できる力がついています。臆せずリスニングセクション最後のパートを楽しんでいきましょう。

 問題を知る

　1人の話し手によるトーク音声が約 45 秒流れます。その内容に関して、問題用紙に印刷された 3 つの問題に解答します。

問題の外見

問題数	→	**30 問**
トーク数	→	10 セット
目標正答数	→	24 問
時間	→	約 15 分
Directions	→	約 30 秒

問題の中身

すべて 1 人の話し手による問題です。

図表のある問題	→	2～3 問
意図問題	→	2～3 問

 わくわくPoint

正解は言い換え

　レオ・レオニの絵本『スイミー』の面白さは、ラストのマグロ撃退のほかにも、兄弟たちがマグロに飲み込まれてから、スイミーが元気を取り戻す過程にあります。ゼリーのようなクラゲ、ブルドーザーみたいな伊勢海老、ヤシの木みたいなイソギンチャクなど、海の生き物たちがユニークな表現で言い換えられています。

　Part 4 も Part 3 と同じく、正解は言い換えで表現されています。大きな魚のふりをする時、スイミーが「僕が目になろう」と成り代わったように、言い換えがキーになるのです。

Part 3 と同じように以下の手順で解答してください。

① 問題 1 〜 3 を読みます。制限時間は 30 秒です。

② 30 秒たったら、音声 (トラック 198-199) を流して解答します。

③ 次にもう一度同じ問題を解きます。今度はポーズありの音声を使います。ヒントとなるところで音声が止まる (ポーズが入る) ので、その瞬間に解答してください。

＊ 解く手順は Part 3 と同様ですから、正解数にこだわってください。2 問は確実に取りたいところです。

例題 ◀)) 198-199 ／ポーズあり ◀)) 200

1. Where is the introduction being made?

(A) At a publishing company
(B) At an advertising agency
(C) At an accounting firm
(D) At an art supply store

2. Who most likely is Tina Gallagher?

(A) A business owner
(B) A maintenance worker
(C) A new employee
(D) A government official

3. What does the speaker ask the listeners to do?

(A) Review some résumés
(B) Answer some questions
(C) Prepare for a course
(D) Book a meeting room

PART 4

例題・解答解説

※英文中の（🔍）は音声でポーズが入っている場所です。

198-199 ／ポーズあり 200

1. introductionで狙う

Questions 1 through 3 refer to the following **introduction**.

1. accounting firmで撃つ

Good morning, everyone. May I have your attention? Thanks to all your hard work, **our accounting firm** (🔍) has been expanding quickly. Because of that, **we are currently hiring new staff**. **This is Tina Gallagher** (🔍), and it's **her first day on**

2. new staffで絞り、Tina ~で撃つ

the job. She has a lot of experience in providing financial management services, but she has much to learn about how

3. Please ~で絞り、answer ~で撃つ

we do things here. **Please make her feel comfortable and answer any questions she has** (🔍). We're going to walk around the room now so she can meet each of you individually. Thank you for your attention.

□accounting firm 名 会計事務所　□expand 動 拡大する　□currently 副 目下
□provide 動 ～を提供する　□financial 形 財政の　□individually 副 個別に、一人ひとり

問題1～3は次の紹介に関するものです。

皆さん、おはようございます。お聞きください。皆さんの熱心なご尽力のおかげで、わが会計事務所は急速に拡大してきました。したがいまして、現在新しいスタッフを採用中です。こちらはTina Gallagherさん、今日が勤務初日です。彼女は財政管理サービスを提供する経験が豊富ではあるものの、私たちの仕事については学ぶことがたくさんあります。どうぞ彼女がリラックスできるようにして、疑問には答えてあげてください。これから部屋を回り、皆さんそれぞれに個別に会う機会を作ります。お時間をいただき、ありがとうございました。

1. Where is the introduction being made?

(A) At a publishing company
(B) At an advertising agency
(C) At an **accounting firm**
(D) At an art supply store

2. Who most likely is Tina Gallagher?

(A) A business owner
(B) A maintenance worker
(C) A **new employee**
(D) A government official

3. What does the speaker ask the listeners to do?

(A) Review some résumés
(B) **Answer some questions**
(C) Prepare for a course
(D) Book a meeting room

解説を見てわかるように、することは Part 3 とまったく同じです。Part 3 で練習問題を同じ方法で解き続けた理由もここにあります。

1. 紹介はどこで行われていますか。
   (A) 出版社
   (B) 広告代理店
   (C) 会計事務所
   (D) 画材店

2. Tina Gallagher は誰だと考えられますか。
   (A) ビジネスオーナー
   (B) 管理員
   (C) 新しい従業員
   (D) 政府職員

3. 話し手は聞き手に何を頼んでいますか。
   (A) 履歴書を見ること
   (B) 質問に答えること
   (C) 講座を準備すること
   (D) 会議室を予約すること

Part 3 と同じ戦略で解けることがおわかりいただけたでしょうか。そのうえで Part 4 との違いを確認していきましょう。

1. 問題のイントロ

Part 3	Part 4
Questions 32 through 34 refer to the following **conversation**.	Questions 71 through 73 refer to the **telephone message**.

Part 3 全体を通して共通。

セットによって異なる。**トークを聞く前に何についての話かわかる。**

2. 性別で絞れない

Part 3	Part 4
According to the woman, what will take place tomorrow?	According to the speaker, what will take place tomorrow?

女性に注目して**絞れる。**

話し手は常に 1 人のため**絞れない。**

3. 変わらず「言い換え」が大事

例題の設問 2 を見てください。

設問 ▸ Who most likely is Tina Gallagher?

正解 ▸ (C) A new employee ←

音声 ▸ ... we are currently hiring new staff. This is Tina Gallagher, ...

1. イントロからトークの展開をセットする

さらに詳しく見ていきます。

トークの種類	よくある展開
1 broadcast (放送)	著名なゲストの紹介、天気予報
2 excerpt from a meeting (会議の抜粋)	新製品の検討
3 announcement (お知らせ)	オフィス改装で在宅ワーク
4 telephone message (電話メッセージ)	注文について確認
5 instructions (説明)	研修の概要説明
6 tour information (ツアー案内)	自己紹介とルートの説明
7 advertisement (広告)	プロモーションコードで割引
8 recorded message (録音メッセージ)	車が故障でシフト変更
9 podcast (ポッドキャスト)	視聴者からの質問に回答

Part 4のトークは大きく上の表のパターンに分けられます。このパターン (トーク) ごとに「あるある」の展開が話されます。「このトークはこの展開！」と決めつけるのはリスクが高いですが、ある程度の流れを把握しておくことは武器になります。

2. 絞ったら即撃つ！

前ページで確認した通り、Part 4はPart 3に比べて絞ることが難しくなっています。つまり、ヒントが聞こえたらすぐに仕留めなければなりません。Part 2ではひっかけを切る解き方でしたが、ここでは×より○を即選ぶスピード感が求められます。

3. やはり「言い換え」

直近の公開テストでも、あらためて言い換えの出題数が多いと感じたのがPart 3とPart 4です。練習問題で言い換えを見抜く力を高め、正解への反射神経を鍛えましょう。もちろん、この演習はPart 3にも役立ちます。さらに、意図問題と図表問題も攻略し、リスニングセクション対策を完成に近づけます。

攻略ルート 4 ▶ 戦略を身につける

1. 「言い換え」演習

　Part 4 は Part 3 よりも絞るのが難しいため、正解にすぐ反応する必要があります。たとえばこんな感じです。

設問	会話・トーク
Who are the listeners instructed to contact? (A) A researcher (B) An author (C) A journalist (D) **A manager**	If you have any questions, please contact your **supervisor** by the end of the session.

　音声で supervisor が出るのは一瞬。そしてその前にヒントになる語もありません。つまり一瞬で supervisor と manager を一致させ、次の問題に意識を切り替える必要があります。この言い換えの精度が Part 4、いや TOEIC 全体の成功の鍵を握ります。このあとの練習問題で、問題を解きながら「すぐ撃つ」力を磨きましょう。「すぐ」の練習をするために 1 ～ 2 文の短い英文が流れます。秒レベルで正解 (D) を選んでください。

　設問 ▶ 聞き手は誰に連絡をとるように指示されていますか。
　　　　(A) 調査員
　　　　(B) 作家
　　　　(C) ジャーナリスト
　　　　(D) マネジャー
　音声 ▶ 質問があれば、この会議が終わるまでに上司に連絡してください。

2.「図表問題」攻略

Part 3 と Part 4 の「鬼」が図表問題と意図問題です。まず図表鬼から退治します。こちらの鬼は簡単です。次のルールをしっかり覚えてください。

攻略のルール **図表問題 (基本編)**

設問

Look at the graphic. How much will the man pay?
（表を見てください。男性はいくら支払いますか）

service	cost
Floor cleaning	$35.00
Window cleaning	$45.00
Air conditioning repair	$200.00
Tile replacement	$600.00

会話やトークで (A) 〜 (D) の内容がそのまま発話されることはありません。上の場合であれば cost の各金額が読まれることはなく、その対になる service について言及されます。この場合、正解となる service が素直に発話されます。

例 I am having a trouble with the **air conditioning** in my house.
（家のエアコンの調子が悪くて困っているんです）

正解は (C)。つまり、④で service のほうを見ておけば正解をすぐに撃てます。

図表問題 (応用編)

ではこんな場合はどうでしょう?

設問

Look at the graphic. Which movie will be released first?

(図を見てください。どの映画が最初に上映されますか)

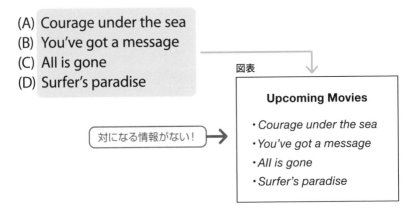

(A) Courage under the sea
(B) You've got a message
(C) All is gone
(D) Surfer's paradise

図表

対になる情報がない!

Upcoming Movies

・Courage under the sea
・You've got a message
・All is gone
・Surfer's paradise

　このように図と選択肢の情報が同じで対になる情報がない場合は、音声だけに集中します。この場合は以下のように発話されます。

例〉 We are going to release the movie that is **on top** of the sign first.

(お知らせの一番上にある作品を最初に上映します)

正解は (A) ですね。したがって、

・図表に対になる情報がある → そこ (選択肢の逆サイド) を見る

・図表に対になる情報がない → 単純に音声に集中

が図表問題の攻略となります。このあとの練習問題で Part 3 の形式 (会話) で練習します。

3.「意図問題」攻略

本物の鬼です。でもやるしかない。意図をくむことは TOEIC を超えてきっととても大切なことだから。Part 3 と Part 4 で基本的な解き方は同じですが、次の手順で解答します。

手順	Part 3	Part 4
1	What does the man mean when he says, "It's almost done"?	What does the speaker mean when he says, "It's almost done"?
2	1〜3問目のどこに " " があるか確認※1	
3	" " 部分を先読みの段階で訳しておく	
4	男性が会話の中で " " を言うぞ！ とセットする	冒頭の advertisement や broadcast を聞いてトークの種類を確認。" " がどんな流れで発話されるか予測する
5	" " 部分を聞いたら問題は**解かずに**その流れだけ記憶する※2	
6	3問目が終わってから " " の問題を解答する	

※1 意図問題が1問目にあれば、残りの2つは「絞る→撃つ」で解けます。しかし、最後にある場合は、全体を聞きながら解答する必要があります。

※2 意図問題の選択肢はだいたい長いです。この長い選択肢を (A) 〜 (D) とすべて読むことでほかの問題を落としては元も子もありません。次の先読みが多少短くなってもよいので、この問題は最後に片付けます。

では、練習問題で慣れていきましょう。意図問題は Part 4 の形式（トーク）で出題します。

NO TEST MATERIAL ON THIS PAGE
（このページに問題はありません）

練習問題 1

ではここまでの 3 つの攻略法を演習で身につけましょう。

各設問について短い英文が流れます。言い換えに注意して解答してください。

◀)) 201-202

1. What does the store sell?

   (A) Beverages
   (B) Plants
   (C) Clothing
   (D) Food

◀)) 203-204

2. Where does the speaker work?

   (A) At a car rental shop
   (B) At a hotel
   (C) At a tour agency
   (D) At a grocery store

PART 4

解答解説

1. 正解 **B** 🔊 201-202

What does the store sell?

🇺🇸 Roses and carnations are not in season but other **flowers** are available now.

    (A) Beverages　飲料
    (B) **Plants**　植物
    (C) Clothing　衣類
    (D) Food　食料

設問：　その店では何を販売していますか。
トーク：バラとカーネーションの季節ではないですが、ほかの花がご購入いただけます。

flower と Plants が言い換えです。roses と carnations を聞き逃しても取れる問題です。

2. 正解 **D** 🔊 203-204

Where does the speaker work?

🇦🇺 Welcome to Antonio's. Today's special discount is **dairy food**. Blue cheese, Brie, Parmesan **cheese, and milk**, are all 30 percent off today.

    (A) At a car rental shop　レンタカー屋
    (B) At a hotel　ホテル
    (C) At a tour agency　旅行代理店
    (D) At a **grocery store**　食料品店

設問：　話し手はどこで働いていますか。
トーク：Antonio's へようこそ。本日の特売は乳製品です。ブルーチーズ、ブリー、パルメザンチーズと牛乳が本日はすべて30%引きです。

dairy は覚えるべき単語ですが、後半の言い換えが重要です。

□ dairy 形 乳製品の

各設問について短い英文が流れます。言い換えに注意して解答してください。

◀)) 205-206

3. Who most likely is the speaker?

(A) A company executive
(B) A tour guide
(C) A school teacher
(D) A park officer

◀)) 207-208

4. What caused a delay?

(A) Electric power cut
(B) Technical difficulties
(C) Traffic congestion
(D) Poor weather conditions

解答解説

3. 正解 **A** ◀)) 205-206

Who most likely is the speaker?

🇬🇧 As your company **president**, I'm glad to announce that our new Sydney branch will be open next spring.

- (A) A company **executive** — 会社の重役
- (B) A tour guide — ツアーガイド
- (C) A school teacher — 学校の教師
- (D) A park officer — 公園の係員

設問： 話し手は誰であると考えられますか。

トーク：当社の社長として、来春シドニー支店を開設することを謹んでお知らせします。

president と executive が言い換えです。

4. 正解 **D** ◀)) 207-208

What caused a delay?

🇺🇸 Good evening. First of all, we would like to apologize for the delay. Due to the **storm** this afternoon, Azusa Shimokawa, today's guest speaker hasn't arrived yet.

- (A) Electric power cut — 停電
- (B) Technical difficulties — 技術上の問題
- (C) Traffic congestion — 交通渋滞
- (D) **Poor weather conditions** — 悪天候

設問： 何が遅れを引き起こしましたか。

トーク：こんばんは。まず遅延の件をお詫び申し上げます。午後の嵐が原因で、本日のゲストスピーカーである Azusa Shimokawa がまだ到着しておりません。

storm と poor weather conditions が言い換えです。

□ storm 名 嵐

練習問題 1

各設問について短い英文が流れます。言い換えに注意して解答してください。

🔊 209-210

5. Who are the listeners?

(A) Factory workers
(B) New employees
(C) Conference attendees
(D) Transportation workers

🔊 211-212

6. What event will take place on the weekend?

(A) A retirement party
(B) An award ceremony
(C) An art fair
(D) A sports event

解答解説

5. 正解 **D** 🔊 209-210

Who are the listeners?

🇦🇺 Listen up, everyone. We are now in the busiest season of the year. We have lots of **packages to deliver** today.

(A) Factory workers 工場作業員
(B) New employees 新入社員
(C) Conference attendees 会議の参加者
(D) **Transportation** workers 配達員

設問：　聞き手は誰ですか。

トーク：皆さん、よくお聞きください。1年で最も忙しい時期になりました。今日は配達する荷物がたくさんあります。

> deliver と transportation が言い換えです。deliver は動詞、transportation は名詞ですが、deliver を package と合わせて配達と考えましょう。

6. 正解 **C** 🔊 211-212

What event will take place on the weekend?

🇨🇦 Our next news item is about an upcoming event. Four local **artists** will be showing their sculptures at the Southbank Park tomorrow.

(A) A retirement party 引退パーティー
(B) An award ceremony 授賞式
(C) An **art** fair アートフェア
(D) A sports event スポーツのイベント

設問：　どんなイベントが週末に開かれますか。

トーク：次は間もなく行われるイベントのお知らせです。4名の地元のアーティストたちが明日、Southbank 公園で彫刻の展示を行います。

> artist で (C) を早撃ちしてください。sculpture は覚えておくべき単語ですが、artist で撃ったあとの確認として使いましょう。

□ sculpture 名彫刻

各設問について短い英文が流れます。言い換えに注意して解答してください。

🔊) 213-214

7. What will the speaker most likely do next?

(A) Show a movie
(B) Distribute a manual
(C) Guide a tour
(D) Give a demonstration

🔊) 215-216

8. What does the speaker say will change in March?

(A) A menu layout
(B) Business hours
(C) A company logo
(D) Product prices

PART 4

解答解説

7. 正解 **A** 🔊 213-214

What will the speaker most likely do next?

🇺🇸 In just a moment, I'll play a short **film** for you. After you watch it, we'll discuss the topic until the end of today's lesson.

(A) Show a **movie** 映画を見せる
(B) Distribute a manual マニュアルを配布する
(C) Guide a tour ツアーをガイドする
(D) Give a demonstration 実演をする

設問： 話し手は次に何をすると考えられますか。

トーク：このあと短い映画を流します。それを観たあと、今日の講義終了まで映画のトピックについて話し合いましょう。

film と movie が言い換えです。

8. 正解 **B** 🔊 215-216

What does the speaker say will change in March?

🇨🇦 Attention, Trader Debbie's shoppers: We are going to be **extending our opening hours** starting March 1.

(A) A menu layout メニューの配置
(B) **Business hours** 営業時間
(C) A company logo 会社のロゴ
(D) Product prices 製品の価格

設問： 話し手は3月に何が変わると話していますか。

トーク：こんにちは、Trader Debbie's でお買い物中の皆さまにご案内です。3月1日より、営業時間を延長いたします。

opening hours と business hours が言い換えです。

各設問について短い英文が流れます。言い換えに注意して解答してください。

◀» 217-218

9. What problem does the speaker mention?
  (A) Some data has been processed incorrectly.
  (B) Some equipment is not working properly.
  (C) A vehicle is parked in a prohibited area.
  (D) A piece of furniture has not been delivered.

PART 4

解答解説

9. 正解 **B** ◀》217-218

What problem does the speaker mention?

🔊 Good evening, Chevron Tower residents. Thank you for attending this meeting. I'm Jake Miller, the building manager. Since yesterday, the **air conditioners won't turn on**. I'll talk about this problem now.

(A) Some data has been processed incorrectly.

データが間違って処理された。

(B) Some equipment is **not working properly**.

機械が正常に作動していない。

(C) A vehicle is parked in a prohibited area.

車が禁止区域に停められている。

(D) A piece of furniture has not been delivered.

家具が配送されていない。

設問： 話し手はどんな問題について話していますか。

トーク：Chevron Tower にお住まいの皆さん、こんばんは。今日の会合にご参加いただき、ありがとうございます。私は当タワー管理人の Jake Miller です。昨日からエアコンが作動していません。今からこの問題についてお話ししたいと思います。

air conditioners と equipment、また won't turn on と not working が言い換えです。

図表を見る順に注意して解答してください。

◀)) 219-220

```
Eastern Island Ferries

Ferries          Wait time (minutes)
Star of Maui              12
Kona                     18
Blue Ocean               38
Kailua                   52
```

1. Look at the graphic. Which ferry will the woman take?

(A) Star of Maui
(B) Kona
(C) Blue ocean
(D) Kailua

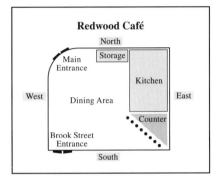

2. Look at the graphic. On which side of the building does the woman suggest putting the patio?

(A) The north side
(B) The east side
(C) The south side
(D) The west side

解答解説

1. 正解 **B** ◀)) 219-220

Look at the graphic. Which ferry will the woman take?
（図を見てください。どのフェリーに女性は乗りますか）

(A) Star of Maui
(B) Kona
(C) Blue ocean
(D) Kailua

選択肢と同じなのは Ferries の列です。
見るべきは Wait time です

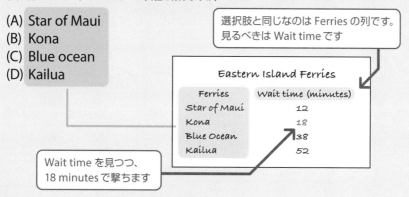

Eastern Island Ferries

Ferries	Wait time (minutes)
Star of Maui	12
Kona	18
Blue Ocean	38
Kailua	52

Wait time を見つつ、
18 minutes で撃ちます

M: Hello, how can I help you?

W: Yes, I'd like to go to Waikele port but I'm not sure which ferry to take.

M: I see. There are two ferries for Waikele and both tickets are still available. I recommend the smaller one because the wait time is only **18 minutes** right now.

W: That's great. I'll take it. How much is it?

男性：いらっしゃいませ。
女性：Waikele 港に行きたいのですが、どのフェリーに乗ればいいのでしょうか。
男性：なるほど、Waikele へは 2 つのフェリーが運航していますが、両方ともチケットがございます。
小さいほうがおすすめですね。今待ち時間がたったの 18 分なので。
女性：ありがとう。ではそれにします。おいくらですか。

PART 4

解答解説

2. 正解 **C** 🔊 221-222

Look at the graphic. On which side of the building does the woman suggest putting the patio?

（図を見てください。女性は建物のどちら側にテラスを作るよう提案していますか）

(A) The north side
(B) The east side
(C) The south side
(D) The west side

> 選択肢とはっきりと対になる情報はありません。地図を見ながら音に集中します

> 北口が話題に。北口には作れない

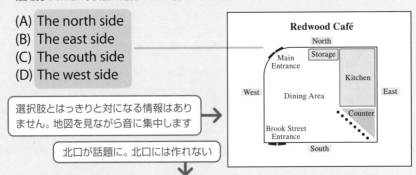

🇨🇦 **M:** You know, Chiara, **we won't be able to build a patio on the north side** of the café. There simply isn't enough space outside the main entrance.

🇬🇧 **W:** That's too bad. The street there is often busy with pedestrians. Hmm. Why don't we put it **on the opposite** side, outside the other entrance?

> 女性で絞る。opposite で撃つ

M: Well, it's not close to the kitchen, but I think it'll have to go there. I'll give the contractor a call now to see what he thinks.

W: All right, and I'll go outside with a tape measure to find out the exact dimensions of that area.

□ patio 图 テラス　□ pedestrian 图 歩行者　□ tape measure 图 巻き尺
□ dimension 图 寸法

男性：ねえ、Chiara、カフェの北側にテラスを作ることはできないよ。単純に正面玄関の外にスペースがないんだ。

女性：残念だわ。そこの通りは人通りが多いのに。うーん、反対側の別のエントランスの外にするのはどうかしら。

男性：そうだなあ、キッチンに近くはなくなるけど、そうせざるを得ないかも。すぐ建築業者に連絡してどう思うか聞いてみるよ。

女性：了解、じゃあ私は外に行って巻き尺で正確な寸法を測るね。

1 は話の流れを意識して、2 〜 4 は意図問題の位置と全体の流れに注意して、解答してください。

◀)) 223-224

1. What does the speaker mean when he says, "this tour is very popular in summer"?

(A) The listener should act quickly.

(B) The holiday will be over soon.

(C) This tour is no longer available.

(D) The tour guide is famous.

2. What is the purpose of the speech?

   (A) To discuss recent sales figures
   (B) To present an award winner
   (C) To motivate some employees
   (D) To promote a new technology

3. What technology does the speaker mention?

   (A) A paper shredder
   (B) A photocopy machine
   (C) An overhead projector
   (D) A printing system

4. What does the speaker mean when he says, "Yes, you already know this"?

   (A) Some information will be repeated.
   (B) A memo has already been distributed.
   (C) An accomplishment is well known.
   (D) Some handouts are no longer needed.

解答解説

1. 　正解　**A** 　🔊 223-224

① この部分を訳す
「このツアーは夏、とても人気です」

What does the speaker mean when he says, "**this tour is very popular in summer**"?

(話し手は "this tour is very popular in summer" という発言で何を意味していますか)

Question 1 refers to the following advertisement.

🇦🇺 Want to have a good time under the blue skies? Looking for stunning scenery for your vacation? STM Travel can offer you a lot of optional **tours**. This month's **best-selling tour** is to Australia.

② 広告→ 聞き手に売りたい　　　　　　　　売れ筋のツアー
　→ このツアーを売りたい? と仮説

Wild experience, kangaroos, koalas, and crocodiles are waiting for you. The tour includes a buffet style dinner and your photo with koalas. Remember, **this tour is very popular in summer**. **So don't miss it!** 　これを逃すな → すぐにご予約を!

□ stunning 形 息を飲むような

(A) The listener should **act quickly**. 　聞き手はすぐに行動するべきだ。
(B) The holiday will be over soon. 　休暇は間もなく終わる。
(C) This tour is no longer available. 　このツアーはもはや催行されていない。
(D) The tour guide is famous. 　このツアーのガイドは有名だ。

問題 1 は次の広告に関するものです。

青空の下、良い時間を過ごしたいですか。休暇のための息を飲むような景色をお探しですか。STM Travel は多くのオプショナルツアーをご用意しております。今月の売れ筋はオーストラリアへのツアーです。野生体験、カンガルー、コアラ、そしてワニたちがあなたを待っています。ツアーにはビュッフェ形式の夕食と、コアラとの記念撮影が含まれています。このツアーは夏に大人気であることをお忘れなく。ぜひお見逃しのありませんように!

◀)) 225-226

Questions 2 through 4 refer to the following speech.

🍁 Good evening. I'm here **to present the next award for outstanding employee**. Ashley Taylor joined the R&D Department nine years ago. Since then, his project team has been developing **our 3D printing system**. On his own, Mr. Taylor figured out a way to make the system faster, which gave us a major competitive edge. **Yes, you already know this**. **Many of you work with him, and you've all read the recent article in *Ziotech Magazine* about his achievement**.

4. ③ "Yes, you already know this." 以降を注意して聞く

Nevertheless, I can't express enough how much Mr. Taylor has done for the company. Now, let's all give him a big round of applause as he accepts this award.

□ present 動〜を授与する　□ award 名賞　□ outstanding 形卓越した
□ develop 動〜を開発する　□ competitive edge 名競争力　□ article 名記事
□ achievement 名業績　□ applause 名称賛、拍手

問題 2 〜 4 は次のスピーチに関するものです。

こんばんは。次の優秀社員への賞を授与いたします。Ashley Taylor さんは 9 年前に研究開発部に加わり、それから彼のプロジェクトチームがわが社の 3D プリントシステムを開発し続けてきました。彼自身、システムの高速化を発案し、それが当社の主要な競争力となっております。そうそう、これについては皆さん、すでにご存じですね。皆さんの多くが彼と働いていますから、彼の業績については *Ziotech Magazine* の最近の記事でご存じでしょう。それでもなお、彼が会社にどれほど貢献してきたかは言い尽くせません。では、彼の受賞に盛大な拍手をお願いいたします。

2. What is the purpose of the speech?

(A) To discuss recent sales figures
(B) To **present an award** winner
(C) To motivate some employees
(D) To promote a new technology

正解 　B

「目的」問題なので冒頭に注目しつ
つ、不定詞の to present を聞き
取ったら撃ちます。繰り返します
が、Part 3 と同じ解き方です。

3. What technology does the speaker mention?

(A) A paper shredder
(B) A photocopy machine
(C) An overhead projector
(D) A **printing system**

正解 　D

絞れない問題です。問題 2 を終え
たら technology を追いかけなが
ら聞くしかありません。

3 つのうち最後の問題なので最後まで流れを追う

4. What does the speaker mean when he says, "Yes, you already know this"?

4. ①ここをまず訳す

(A) Some information will be repeated.
(B) A memo has already been distributed.
(C) An **accomplishment is well known**.
(D) Some handouts are no longer needed.

正解 　C

you =「聞き手」です。このあと
の you は work with him / read
the recent article と述べられてい
て、Taylor さんの業績が広く知ら
れている内容と合致します。また、
(C) の accomplishment は本文の
achievement の言い換えです。

---

2. スピーチの目的は何ですか。
   (A) 最近の売上の数字について話し合うこと
   (B) 受賞者を表彰すること
   (C) 従業員を動機づけること
   (D) 新しい技術の販売促進をすること

3. 話し手はどんな技術について述べていますか。
   (A) 紙の裁断
   (B) コピー機
   (C) 書画カメラ
   (D) プリンター

4. 話し手は "Yes, you already know this" という
   発言で何を意味していますか。
   (A) いくつかの情報が繰り返される。
   (B) メモはすでに配布済みだ。
   (C) 達成はよく知られている。
   (D) 配布資料はもはや必要ない。

PART 4

さあ、これで正解のための戦略はすべて学びました。「わくわくポイント」のおさらいです。

ここまでで確認した通り、Part 4は「絞る」難度が上がっています。そのため出てきたヒントはすぐ撃つことが必要です。Part 2は選択肢を「切る」、つまりどちらかというと性悪説的な立場を取るのに対し、Part 4ではこれかな?と感じた選択肢を即撃ちして正解を取ります。疑っている時間はなく、性善説的にこれだ!とすぐに選んでください。その最たるものが言い換えです。攻略ルート4で得た言い換えの経験＋図表問題と意図問題の戦略を駆使し、実践問題に挑戦しましょう。

音声を聞いて最も適切な選択肢を選んでください。

◀ᴑ) 227-228

1. Where does the speaker work?

(A) A supermarket
(B) A rental agency
(C) A convenience store
(D) A catering company

2. What problem does the speaker mention?

(A) An address is incomplete.
(B) An item is out of stock.
(C) A building is too far away.
(D) A price list is incorrect

3. What does the speaker offer Mr. Chan?

(A) A permit
(B) A discount
(C) A beverage
(D) A refund

PART 4

4. What is the speaker mainly discussing?

(A) Some safety instructions
(B) Some fitness club rules
(C) A new company policy
(D) A construction project

5. What does the speaker say is on a whiteboard?

(A) An address
(B) A schedule
(C) A design
(D) A picture

6. What are the listeners instructed to do?

(A) Assess some water damage
(B) Use an electronic device
(C) Pick up some materials
(D) Stay away from a garden

7. Who is Raul Lamar?

    (A) A local politician

    (B) A restaurant critic

    (C) A business owner

    (D) A subway operator

8. Why does the speaker say, "Tonight's snowfall is affecting road conditions"?

    (A) To update a traffic report

    (B) To explain why a guest is late

    (C) To warn listeners who are driving

    (D) To advise people to stay home

9. What will the listeners probably hear next?

    (A) Some news stories

    (B) Some sports scores

    (C) A weather report

    (D) A popular song

PART 4

10. Why are the offices closed?

(A) A holiday is being celebrated.
(B) A lobby is being renovated.
(C) A training workshop is being held.
(D) An inspection is being conducted.

11. According to the speaker, what can be found on a Web site?

(A) Some annual reports
(B) Some walking directions
(C) Some legal documents
(D) Some contact information

12. What are some listeners advised to do?

(A) Take a different route
(B) Sign up in advance
(C) Press a button
(D) Pick up a pamphlet

13. Where does the speaker work?

(A) At a store
(B) At a hotel
(C) At a stadium
(D) At a museum

14. What does the speaker ask the listeners to do?

(A) Tidy up a workspace
(B) Participate in a focus group
(C) Turn off their phones
(D) Remove some furniture

15. What does the speaker remind the listeners about?

(A) Who is allowed to enter a room
(B) When to prepare some food
(C) How to arrange some dishes
(D) Where to place a sign

PART 4

16. Where do the listeners most likely work?

(A) At an Internet provider
(B) At a public library
(C) At a marketing agency
(D) At a book store

17. What is the topic of the workshop?

(A) Giving a professional presentation
(B) Writing effective e-mails
(C) Answering questions properly
(D) Working together as a team

18. What does the speaker want the listeners to do next?

(A) Work in pairs
(B) Analyze some statistics
(C) Complete a form
(D) Introduce themselves

19. What does the speaker thank the listeners for?

(A) For working hard
(B) For cleaning well
(C) For being patient
(D) For staying late

20. What does the speaker mean when she says, "no one will miss them"?

(A) Some business signs have flashing lights.
(B) Some instructions will be easy to find.
(C) Some comments will be heard by everyone.
(D) Some merchandise will be clearly visible.

21. What will the speaker need help with tomorrow morning?

(A) Giving a demonstration
(B) Passing out coupons
(C) Moving some items
(D) Opening some packages

PART 4

22. According to the speaker, what will the listeners see?

(A) Artwork by some renowned painters
(B) Instruments used by local musicians
(C) Equipment for cooling a building
(D) Technologies for making glass products

23. Why does the speaker say, "But that's not all"?

(A) To indicate that the tour includes something else
(B) To clarify that a process has not finished yet
(C) To emphasize that more supplies are needed
(D) To disagree with the listeners about something

24. What does the speaker say will cost extra?

(A) Riding a public bus
(B) Posting a container
(C) Renting a locker
(D) Taking an audio tour

Zobey's Market

Invoice for Ally's Taverna

Artichokes (2 bags)	$39.45
Beef meatballs (8 kilograms)	$145.60
Green grapes (1 crate)	$49.69
Eggplant (4 bags)	$26.25
Subtotal:	$260.99
Tax (5%):	$13.05
Total:	274.04

25. According to the speaker, what were his employees unable to do?

(A) Verify a membership
(B) Accept a shipment
(C) Fulfill an order
(D) Answer a phone

26. Why is Zobey's Market busy this weekend?

(A) There is a special sale on.
(B) There is a surplus of food items.
(C) There is a festival in the city.
(D) There is a shortage of staff.

27. Look at the graphic. How much has Ally's Taverna been refunded?

(A) $39.45
(B) $145.60
(C) $49.69
(D) $26.25

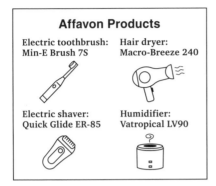

Affavon Products

Electric toothbrush: Hair dryer:
Min-E Brush 7S   Macro-Breeze 240

Electric shaver: Humidifier:
Quick Glide ER-85   Vatropical LV90

28. Who is the advertisement intended for?

(A) Software engineers
(B) Professional athletes
(C) Frequent travelers
(D) Healthcare workers

29. Look at the graphic. What is Affavon's newest product?

(A) Min-E Brush 7S
(B) Macro-Breeze 240
(C) Quick Glide ER-85
(D) Vatropical LV90

30. What does the speaker encourage the listeners to do?

(A) Browse an online catalog
(B) Enter a promotion code
(C) Read some testimonials
(D) Visit a store during a sale

NO TEST MATERIAL ON THIS PAGE

（このページに問題はありません）

Questions 1 through 3 refer to the following telephone message.

電話ならどこの誰か名乗るはず。ここで絞る　　1. Catering で撃つ

🏳 Hello, Mr. Chan. **This is Olivia Sanchez at Starlid Catering**. I just reviewed your order for three trays of sandwiches, and I noticed a **problem**.　2. problem で絞る

The address on the online form you submitted **doesn't include your business's name or a floor number**. Since the Cordova Building is 48 stories high, could you please let us know? Also, we're running a **special promotion** this month. For every sandwich tray order, you can add a Caesar salad for only $4.75. We hope you will take advantage of this **discounted price**. Please call us back at 555-0193 at your earliest convenience. Thank you.　3. special promotion で絞り、discounted price で撃つ

□ review 動 ～を確認する　□ notice 動 ～に気づく　□ submit 動 ～を提出する
□ include 動 ～を含む　□ story 名 階　□ take advantage of ～を利用する
□ convenience 名 便利、好都合な時

問題 1 ～ 3 は次の電話メッセージに関するものです。

もしもし、Chan さんですね。こちら Starlid Catering の Olivia Sanchez です。ちょうどご注文いただいたサンドイッチ 3 皿を確認していたのですが、1 つ問題がございます。オンラインフォームでご入力いただいた住所に御社の名前や階数がありませんでした。Cordova Building は 48 階建てなので、教えていただけますか。なお、今月は特別キャンペーンを行っており、サンドイッチ 1 皿につき、わずか 4.75 ドルでシーザーサラダを追加していただけます。ぜひ、この割引をご利用ください。ご都合の良い時に 555-0193 まで折り返しのお電話をお願いいたします。では、失礼いたします。

1. Where does the speaker work?

正解　D

名乗ったあとの at/from で職場が出ます。即撃ちしてください。

(A) A supermarket
(B) A rental agency
(C) A convenience store
(D) A **catering** company

2. What problem does the speaker mention?

正解　A

business's name or a floor number と address の言い換えです。言い換え訓練の成果を試す問題です。

(A) An **address** is incomplete.
(B) An item is out of stock.
(C) A building is too far away.
(D) A price list is incorrect.

3. What does the speaker offer Mr. Chan?

正解　B

We hope you will take advantage of ~ に似た表現として Don't miss ~ （～をお見逃しなく）、Be sure ~ （必ず～してください）もお店の営業トークです。

(A) A permit
(B) A **discount**
(C) A beverage
(D) A refund

PART 4

1. 話し手はどこで働いていますか。
   (A) スーパーマーケット
   (B) 不動産屋
   (C) コンビニエンスストア
   (D) ケータリング会社

2. 話し手はどんな問題について述べていますか。
   (A) 住所が不完全である。
   (B) 商品の在庫がない。
   (C) 社屋が遠すぎる。
   (D) 値段表が間違っている。

3. 話し手はChanさんに何を申し出ていますか。
   (A) 許可
   (B) 割引
   (C) 飲み物
   (D) 返金

243

🔊 229-230

Questions 4 through 6 refer to the following talk.

4. 即撃って 5. に意識をシフト

talk は絞れない

🇨🇦 OK, team, **our next project will be constructing** an in-ground swimming pool. Ms. Turner lives at 93 Evans Avenue, and she wants it built in her backyard. We will do the work in stages. Today, we'll dig the hole. After that, we can make the pool walls and add the concrete. In case of rain, we'll need to cover it all with plastic so the concrete can dry. **The dates for completing each stage are listed on our whiteboard**.

5. dates を頭に残して whiteboard で撃つ

Oh, one more thing. Ms. Turner doesn't want her flowers damaged, so **keep away from her garden**. Thank you.

6. keep away で撃つ

□ construct 動 ～を建設する　□ in-ground 形 地下の、地中の　□ backyard 名 裏庭
□ in stages 段階を追って　□ dig 動 ～を掘る　□ in case of ～の場合には

問題 4 ～ 6 は次の話に関するものです。

さて、班のみんな、次のプロジェクトは地下のスイミングプールの建設だ。Turner さんは Evans 大通りの 93 番地に住んでいて、裏庭にプールを作りたいとご要望だ。この仕事は急がず順々にやろう。今日は穴を掘る。そのあとプールの壁を作り、コンクリートを入れる。雨のときは、コンクリートが乾くように全部ビニールで覆う。それぞれの工期完了の日程はホワイトボードに載せておいた。おっと、もう一つ。Turner さんから花を傷つけないように、とのことだ。庭からは離れておいてくれ。以上。

244

4. What is the speaker mainly discussing?

(A) Some safety instructions
(B) Some fitness club rules
(C) A new company policy
(D) A **construction project**

冒頭にヒントが出る問題です。即撃ちします。

5. What does the speaker say is on a whiteboard?

(A) An address
(B) A **schedule**
(C) A design
(D) A picture

whiteboard が出てくるのは文末なので絞れません。date と schedule の言い換えに反応できるかがポイントです。

6. What are the listeners instructed to do?

(A) Assess some water damage
(B) Use an electronic device
(C) Pick up some materials
(D) **Stay away** from a garden

「指示される」→ 命令文を待ちます。前の文の「Turner さんは花を傷めたくない」から絞り始められれば上級者です。

PART 4

4. 話し手はおもに何について話していますか。
　(A) 安全に関する指示
　(B) フィットネスクラブの規約
　(C) 新しい会社規則
　(D) 建設プロジェクト

5. 話し手はホワイトボードに何があると言っていますか。
　(A) 住所
　(B) スケジュール
　(C) デザイン
　(D) 写真

6. 聞き手は何を指示されていますか。
　(A) 水害を調べる
　(B) 電子機器を使う
　(C) 材料を取る
　(D) 庭から離れる

🔊 231-232

Questions 7 through 9 refer to the following broadcast.

ラジオを実際に聞いているつもりで狙う

🏳️ Welcome to Talking Business on RLK Radio. **Our guest on tonight's show will be Raul Lamar.**

7. owner で絞り、company まで聞いて撃つ

He's the **owner of a successful video production company**, which is located right here in Hilston City. He'll be talking about starting a small business and also providing lots of advice. Unfortunately, though, **Mr. Lamar hasn't arrived at our studio yet**.

8. 問題 7 を解いたら絞らず「流れ」にシフト

Tonight's snowfall is affecting road conditions. While we wait, **I'll be giving you the latest business news** in town, starting with today's announcement that the city will build a new subway line. All right, let's begin!

9. news で撃つ

□ be located 位置する　□ affect 動 〜に影響する　□ condition 名 状況　□ latest 形 最新の
□ subway 名 地下鉄

問題 7 〜 9 は次の放送に関するものです。

RLK Radio のトーキングビジネスへようこそ。今晩のゲストは Raul Lamar さんです。彼は成功した映像制作会社のオーナーであり、その会社はここ Hilston City にあります。Lamar さんには、スモールビジネスを立ち上げることについて、多くのアドバイスも含めてお話しいただく予定です。しかし残念なことに、今晩の雪が道路状況に影響し、Lamar さんがまだスタジオ入りしていません。お待ちいただく間、街のビジネスの最新ニュースをお届けします。本日のお知らせはまず、市が予定している地下鉄の新しい路線建設についてです。では、始めましょう。

7. Who is Raul Lamar?

(A) A local politician
(B) A restaurant critic
(C) A business **owner**
(D) A subway operator

話し手が Lamar さん本人の可能性はありません。ラジオの DJ から必ず Lamar さんの説明があるので、冒頭に注意して聞きます。company と business の言い換えも確認しましょう。

8. Why does the speaker say, "Tonight's snowfall is affecting road conditions"?

(A) To update a traffic report
(B) To explain why **a guest is late**
(C) To warn listeners who are driving
(D) To advise people to stay home

意図問題は絞れませんが、その前の内容がヒントになります。Lamar さんが到着してない → 雪で道路に影響と考えます。

9. What will the listeners probably hear next?

(A) Some **news** stories
(B) Some sports scores
(C) A weather report
(D) A popular song

「何する」問題の鉄則通り、未来形 I'll で絞ります。

PART 4

7. Raul Lamar は誰ですか。
   (A) 地元の政治家
   (B) レストラン評論家
   (C) ビジネスオーナー
   (D) 地下鉄の運転手

8. 話し手はなぜ "Tonight's snowfall is affecting road conditions" と言っていますか。
   (A) 道路交通情報を更新するため
   (B) なぜゲストが遅れているかを説明するため
   (C) 運転している聞き手に注意を促すため
   (D) 人々に家にいるよう助言するため

9. 聞き手は次におそらく何を聞きますか。
   (A) ニュース
   (B) スポーツの結果
   (C) 天気予報
   (D) 流行曲

🔊 233-234

Questions 10 through 12 refer to the following recorded message.

10. closed で絞り、due to ~ で撃つ 留守 TEL のメッセージ or 自動音声のストーリー

🏴󠁧󠁢󠁥󠁮󠁧󠁿 You have reached the law offices of Maloney & Associates. **We are closed this weekend due to a renovation of our lobby** but will reopen on Monday, January 12. Some of our attorneys, however, are available now for clients who require urgent assistance.

11. For more で絞る

For more information, including contact details, please visit our website at www.maloneyaa.com. We are also informing callers about the ongoing roadwork and traffic congestion on Atherton Street, near our building. For those planning to drive here in the coming days, **we recommend using Jarvis Avenue instead**. Thank you for calling.

12. we recommend で絞る

☐ attorney 名 弁護士　☐ urgent 形 急な　☐ ongoing 形 進行中の　☐ roadwork 名 道路工事
☐ traffic congestion 名 交通渋滞

問題 10 ～ 12 は次の録音されたメッセージに関するものです。

Maloney & Associates 法律事務所です。今週末はロビー改装のため営業しておりません。営業再開は 1 月 12 日月曜となります。しかしながら、急を要する案件があるお客様につきましては対応可能な弁護士もおります。連絡先など、より詳しい情報に関しては弊社ウェブサイト www.maloneyaa.com をご覧ください。なお、お客様にお知らせです。現在、弊社付近の Atherton 通りにて道路工事が行われており、渋滞が発生しております。近日お車で起こしいただく予定の方は代わりに Jarvis 大通りのご利用をおすすめしております。お電話ありがとうございました。

10. Why are the offices closed?

(A) A holiday is being celebrated.
(B) A **lobby** is being **renovated**.
(C) A training workshop is being held.
(D) An inspection is being conducted.

正解	B

「絞る→撃つ」で確実に正解したい問題です。

11. According to the speaker, what can be found on a Web site?

(A) Some annual reports
(B) Some walking directions
(C) Some legal documents
(D) Some **contact information**

正解	D

For more information でヒントの香りを感じられたら相当に成長しています。

12. What are some listeners advised to do?

(A) **Take a different route**
(B) Sign up in advance
(C) Press a button
(D) Pick up a pamphlet

正解	A

先読みから聞き手に対して助言する内容を絞ります。recommend に続く using 〜 と (A) Take a different route の言い換えを認識できれば OK です。

10. なぜ事務所は閉まっているのですか。
    (A) 祝日のお祝いがある。
    (B) ロビーが改装中である。
    (C) 研修が行われている。
    (D) 立ち入り検査がある。

11. 話し手によれば、ウェブサイトで何が確認できますか。
    (A) 年次報告書
    (B) 徒歩での道のり
    (C) 法的文書
    (D) 連絡先

12. 聞き手は何をするように助言されていますか。
    (A) 別の道を使う
    (B) 事前に登録する
    (C) ボタンを押す
    (D) パンフレットを取る

◀)) 235-236

Questions 13 through 15 refer to the following excerpt from a meeting.

13. hotel で撃つ

🇨🇦 Gensol Tech will hold its staff conference **in our hotel's banquet room** tomorrow, and there's been a last-minute change. The president of Gensol Tech was supposed to speak at the event. However, he's been sick, so their vice president will take his place. She'll start with a warm-up game, which will require space for everyone to move around.

14. Can you ~ で絞り clear away で撃つ

Can you clear away some tables and chairs for that? Also, **remember that only Gensol Tech employees are permitted to enter the banquet room**.

15. remember で絞り、permitted to enter で撃つ

Apart from our staff, anyone who's not wearing a Gensol Tech conference badge tomorrow will be asked to leave.

□ banquet room 图 宴会場　□ vice president 图 副社長　□ permit 動 ～を許可する
□ apart from ～を除いて

問題 13 ～ 15 は次の会議の抜粋に関するものです。

Gensol Tech が明日当ホテルの宴会場で社員会議を行いますが、直前の変更があります。そのイベントで Gensol Tech の社長がスピーチをすることになっていましたが、体調がすぐれないため副社長が代行します。彼女はまずウォーミングアップのゲームで始めるため、参加者全員が動き回れるスペースが必要になります。そのため、テーブルと椅子を片付けてください。また Gensol Tech の社員だけが、宴会場への入場を許可されていることを覚えておいてください。私たちスタッフを除いて、Gensol Tech の会議バッジを着用していない人は明日、入場をご遠慮いただくことになっています。

13. Where does the speaker work?

(A) At a store
(B) At a **hotel**
(C) At a stadium
(D) At a museum

「場所」問題は冒頭に出ます。トークの始めから絞ります。

14. What does the speaker ask the listeners to do?

(A) Tidy up a workspace
(B) Participate in a focus group
(C) Turn off their phones
(D) **Remove some furniture**

典型的な「相手に」問題です。131ページにあった Would/Could you ~/Please を待ちつつ撃ちます。

15. What does the speaker remind the listeners about?

(A) Who is **allowed to enter** a room
(B) When to prepare some food
(C) How to arrange some dishes
(D) Where to place a sign

言い換え力が問われる問題です。remember ~ の命令文で「お!」と思いつつ選択肢に目がいったら相当なスナイパーです。

PART 4

13. 話し手はどこで働いていますか。
(A) 店舗
(B) ホテル
(C) スタジアム
(D) 博物館

14. 話し手は聞き手に何をするよう頼んでいますか。
(A) 職場を整頓する
(B) あるフォーカスグループに参加する
(C) 電話の電源を切る
(D) 家具を片付ける

15. 話し手は聞き手に何について覚えておくように伝えていますか。
(A) 部屋に入ることを許可されている人
(B) いつ食事を用意すればよいか
(C) 料理の並べ方
(D) 看板を設置する場所

Questions 16 through 18 refer to the following excerpt from a workshop. 自分が研修に参加しているつもりで聞く

▓ Let's begin today's professional development workshop. **As librarians, you're always keeping track of library** materials and putting books back on the shelves. 16. library で撃つ

17. But ~ でざっくり絞る

But another part of your job is communicating with our patrons. Who has time for that, right? Well, it's very important that you make the time, although I understand this can be difficult. 17. today's session でさらに絞り answer で撃つ

In today's session, we'll be talking about **how to appropriately answer questions from visitors**. 18. please で絞り get into pairs で撃つ

We'll focus on the most common ones. So, **please get into pairs** and write down a few that you hear most often. I'll give you ten minutes to do that. You can get started now.

□ professional development 名職業能力開発　□ workshop 名研修
□ keep track of 〜を把握する　□ patron 名利用者　□ session 名集まり、会
□ appropriately 副適切に　□ focus on 〜に集中する　□ common 形一般的な

問題 16 〜 18 は次のワークショップの抜粋に関するものです。

では本日の職業能力開発研修会を始めましょう。図書館員として、皆さんは図書館資料の状況を把握し、本を棚に戻していらっしゃると思います。しかし、もう一つの仕事として利用者とのコミュニケーションもありますよね。そんな時間はあるでしょうか。こういったことが難しいと理解してはいますが、この時間をとることは非常に重要です。今日のセッションでは、来館者の質問にどのように適切に答えるかについてお話しします。最も一般的な質問に集中しましょう。では、ペアになって一番多い質問をいくつか書き出してください。制限時間は 10 分です。では、どうぞ。

16. Where do the listeners most likely work?

(A) At an Internet provider
(B) At a public **library**
(C) At a marketing agency
(D) At a book store

17. What is the topic of the workshop?

(A) Giving a professional presentation
(B) Writing effective e-mails
(C) **Answering questions properly**
(D) Working together as a team

18. What does the speaker want the listeners to do next?

(A) **Work in pairs**
(B) Analyze some statistics
(C) Complete a form
(D) Introduce themselves

PART 4

16. 聞き手はどこで働いていると考えられますか。
(A) インターネットプロバイダー
(B) 公共図書館
(C) マーケティング会社
(D) 書店

17. ワークショップのトピックは何ですか。
(A) 専門的なプレゼンテーションをすること
(B) 効果的なメールを書くこと
(C) 質問に適切に答えること
(D) チームとして共に働くこと

18. 話し手は聞き手に次に何をしてほしいですか。
(A) ペアになって取り組むこと
(B) 統計を分析すること
(C) フォームに入力すること
(D) 自己紹介すること

「トーク」の状況はさまざま。変な先入観は持たないのが○　🔊 239-240

Questions 19 through 21 refer to the following talk.

19. I want で狙い、thank you で絞り、hard work で撃つ

🇬🇧 We'll lock up in a second, but before you go, **I want to thank you for your hard work** today. Our sale has been a big success so far, and it ends tomorrow. But I have one concern. We generally sell quite a few tennis racquets during our sales, but we only sold two today. Given that they're at the very back of the store now, **many shoppers don't see them. You all know where they used to be, and I'd like to** move them back there. **Then,** no one will miss them.

21. move で撃つ

20. この段階では解かずに最後に解答する

So, **some of you will help me with that before we open tomorrow morning**. Thanks again, and have a good evening.

□ lock up 施錠する　□ concern 名 懸念、心配　□ generally 副 たいてい

問題 19 〜 21 は次のトークに関するものです。

そろそろ閉店となりますが、退勤される前に今日のあなた方のハードワークにお礼を言いたいと思います。弊社のセールは今までのところ大きな成功をあげていて、明日で実を結びます。しかし、1 つ懸念があります。通常はセールの売上でテニスラケットが非常に多くを占めますが、今日は 2 つしか売れていません。現在ラケットが店舗の非常に奥まったところにあるので、多くのお客様がそれを見ていません。皆さん、ラケットが以前どこにあったかをご存じですよね。私はそこへ戻したいのです。そうすれば全員の目に入りますから。そういうわけで、明朝のオープン前にそれを手伝ってくれる人がいればと思います。あらためて、どうもありがとうございます。良い夜をお過ごしください。

19. What does the speaker thank the listeners for?

(A) For **working hard**
(B) For cleaning well
(C) For being patient
(D) For staying late

正解　A

thank のあとに理由が来ています。

20. What does the speaker mean when she says, "no one will miss them"?

(A) Some business signs have flashing lights.
(B) Some instructions will be easy to find.
(C) Some comments will be heard by everyone.
(D) **Some merchandise will be clearly visible.**

正解　D

まず " " 部を「誰もそれらを見逃さないでしょう」と訳しておきます。このとき、それら (= them) が何かを聞き取るつもりで聞いてください。解答は問題 21 を終えてから行います。

21. What will the speaker need help with tomorrow morning?

(A) Giving a demonstration
(B) Passing out coupons
(C) **Moving** some items
(D) Opening some packages

正解　C

tomorrow morning は文末に聞こえるはずです (=ヒントはその前に出る)。未来を表す will が解答のヒントです。help してほしい内容を思い出しながら解答します。

PART 4

---

19. 話し手は何について聞き手に感謝していますか。
　(A) 熱心に働いたこと
　(B) きれいにしたこと
　(C) 忍耐強くあったこと
　(D) 遅くまでいてくれたこと

20. 話し手は "no one will miss them" という発言で何を意味していますか。
　(A) 営業案内は点滅している。
　(B) 指示が見つけやすくなる。
　(C) コメントが全員に聞かれる。
　(D) 商品が目に入りやすくなる。

21. 話し手は明日の朝、どんなことを手伝ってほしいですか。
　(A) 実演を見せること
　(B) クーポンを配ること
　(C) 商品を移動すること
　(D) 小包を開けること

Questions 22 through 24 refer to the following tour information.

インフォメーションは聞き手が客設定

🇺🇸 Hello, everyone. My name is Ruby, and on behalf of Yorkton Glassworks, I'd like to welcome you to our factory.

22. you'll see で絞り、technologies で撃つ

During this tour, **you'll see the technologies we have used to make our products** over the years. You'll also see our glassworkers in action. **But that's not all**. A little later, **you'll have the opportunity to make your own glass container**.

23. opportunity の内容を to make ~ で把握

The materials for that are included in the tour price. However, please keep in mind that your container will have to cool for twelve hours. You can either come back for it another day, or **we can mail it to your address at extra cost**. OK, let's go!

24. mail it で撃つ

☐ technology 图 技術　☐ opportunity 图 機会　☐ container 图 容器
☐ keep in mind ～を覚えておく　☐ extra 形 追加の

問題 22 ～ 24 は次のインフォメーションに関するものです。

皆さん、こんにちは。私は Ruby です。Yorkton Glassworks を代表して、ようこそ弊社工場へお越しいただきました。ツアーでは、何年にもわたって当社製品を作ってきた技術をご覧になれます。また実際にガラス細工を制作しているところもご覧ください。しかし、これで全部ではありません。少ししてから、あなたご自身がガラス容器をお作りいただく機会も設けました。そのための材料費はツアー代金に含まれています。ただ、あなたが作った容器は冷えるまで 12 時間かかることをご了承ください。後日取りに来ていただくか、追加料金をお支払いいただいてあなたのご住所にお送りすることもできます。では、まいりましょう!

22. According to the speaker, what will the listeners see?

(A) Artwork by some renowned painters
(B) Instruments used by local musicians
(C) Equipment for cooling a building
(D) **Technologies** for making glass products

正解　D

「何する」問題の応用です。you'll で解答の準備に入ります。

23. Why does the speaker say, "But that's not all"?

(A) To indicate that **the tour includes something else**
(B) To clarify that a process has not finished yet
(C) To emphasize that more supplies are needed
(D) To disagree with the listeners about something

正解　A

"that's not all"「それだけではない」ということは、その前に何かが列挙されているはず。①技術が見られる、②制作過程が見られる、のあとにどんなことが話されるかを予測します。設問の引用文がむしろヒントに感じられたら、相当に実力がついています。問題 24 を終えてから解答します。

24. What does the speaker say will cost extra?

(A) Riding a public bus
(B) **Posting** a container
(C) Renting a locker
(D) Taking an audio tour

正解　B

mail と post の言い換えです。

PART 4

---

22. 話し手によれば、聞き手は何を見ますか。
(A) 著名な画家の作品
(B) 地元の音楽家に使用されている楽器
(C) 建物を冷却するための機器
(D) ガラス製品を作るための技術

23. 話し手はなぜ、"But that's not all" と言っていますか。
(A) ツアーがほかの何かを含むことを示すため
(B) 工程がまだ終わっていないことを明らかにするため
(C) もっと部品が必要であることを強調するため
(D) あることについて聞き手に反対するため

24. 話し手は何に追加料金がかかると言っていますか。
(A) 公共バスに乗ること
(B) 容器を送ること
(C) ロッカーを借りること
(D) オーディオツアーに参加すること

Questions 25 through 27 refer to the following telephone message and invoice.

25. I'm sorry ～ で絞り、take your call で撃つ

🇨🇦 Hi, this is Blake Garcia at Zobey's Market. I'm calling you back about your October 6 order. **I'm sorry that none of my staff was available to take your call earlier. With so many people coming to the city for the annual harvest festival this weekend, we're extremely busy** with orders from local restaurants.

27. looked over ～ で絞る

26. festival で即撃つ

As for yours, I **looked over our copy of the invoice** that our delivery driver gave you, and you're absolutely right—Ally's Taverna was charged for **a crate of grapes even though you hadn't ordered any.** We apologize for the inconvenience and have already issued a refund to your credit card.

□ invoice 图 請求書　□ annual 形 年に1度の　□ harvest festival 图 収穫祭
□ extremely 副 極端に　□ look over ～を調べる　□ crate 图 木箱、ケース
□ apologize 動 謝罪する　□ inconvenience 图 不便　□ issue a refund 返金する

Zobey's Market	
Invoice for Ally's Taverna	
Artichokes (2 bags) ⋯⋯⋯⋯⋯	$39.45
Beef meatballs (8 kilograms) ⋯	$145.60
Green grapes (1 crate) ⋯⋯⋯⋯	$49.69
Eggplant (4 bags) ⋯⋯⋯⋯⋯⋯	$26.25
Subtotal:	$260.99
Tax (5%):	$13.05
Total:	$274.04

Zobey's Market	
ご請求書 Ally's Taverna 様	
アーティチョーク（2袋）⋯⋯⋯	39.45ドル
ビーフミートボール（8キロ）⋯	145.6ドル
マスカット（1ケース）⋯⋯⋯⋯	49.69ドル
ナス（4袋）⋯⋯⋯⋯⋯⋯⋯⋯	26.25ドル
小計：	260.99ドル
税（5%）：	13.05ドル
合計：	274.04ドル

問題 25 ～ 27 は次の電話のメッセージと請求書に関するものです。

Zobey's Market の Blake Garcia です。10月6日のご注文の件で、折り返しお電話いたしました。スタッフが誰も電話に出られず申し訳ありません。今週末に行われる毎年恒例の収穫祭にとても多くの方がいらっしゃるため、地元のレストランからの注文で大変忙しくしておりました。御社のものについて、請求書の控えを調べました。弊社のドライバーが届けた請求書ですが、御社のご指摘の通りです。Ally's Taverna 様は注文されていないブドウ1ケースを請求されておりました。ご不便をおかけして大変申し訳ありません。こちら、クレジットカードにご返金済みでございます。

25. According to the speaker, what were his employees unable to do?

(A) Verify a membership
(B) Accept a shipment
(C) Fulfill an order
(D) **Answer a phone**

先読みの精度が問われます。unable とあり、「できなかったこと」が問われているので I'm sorry から絞り、言い換えを撃ちます。

26. Why is Zobey's Market busy this weekend?

(A) There is a special sale on.
(B) There is a surplus of food items.
(C) There is a **festival** in the city.
(D) There is a shortage of staff.

「理由」問題のため、忙しくて電話が取れなかった → 「そのための理由が述べられる」と待ちます。

27. Look at the graphic. How much has Ally's Taverna been refunded?

(A) $39.45
(B) $145.60
(C) **$49.69**
(D) $26.25

grapes →請求書の Green grapes → (C) の順で正解につなげます。

PART 4

---

25. 話し手によれば、彼の従業員ができなかったこととは何ですか。
　(A) 会員資格を確認すること
　(B) 配達物を受け取ること
　(C) 注文を完了すること
　(D) 電話をとること

26. なぜ Zobey's Market は今週末に忙しいのですか。
　(A) 特別セール中である。
　(B) 食料品が余っている。
　(C) 市内で祭りがある。
　(D) スタッフが足りない。

27. 図を見てください。Ally's Taverna はいくら返金を受けましたか。
　(A) 39.45 ドル
　(B) 145.60 ドル
　(C) 49.69 ドル
　(D) 26.25 ドル

Questions 28 through 30 refer to the following advertisement and catalog.

28. 冒頭で絞り、travel で撃つ

🏴 **Do you travel a lot and like to pack light**? If so, then Affavon has the gadgets you want. All our electronic devices were designed to be as compact as possible. They're not only small but also lightweight, so they're easy to carry in your suitcase. In fact, our Quick Glide ER-85 is the smallest and lightest electric shaver on the market.

29. our newest で絞る

And **our newest product is as powerful as any regular size hair dryer**, although it's only half the average size. But the best thing about Affavon products is their style. People of all ages like their simple yet modern look. Want to see them for yourself? **Go to affavon.com and check out our catalog today**!

30. Go ~ で絞る

□ catalog 图 カタログ □ pack 動 梱包する □ gadget 图 小道具 □ lightweight 形 軽量の
□ electric shaver 图 電子シェーバー

Affavon Products

Electric toothbrush:
Min-E Brush 7S

Hair dryer:
Macro-Breeze 240

Electric shaver:
Quick Glide ER-85

Humidifier:
Vatropical LV90

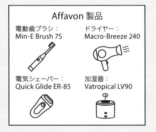

Affavon 製品

電動歯ブラシ：
Min-E Brush 7S

ドライヤー：
Macro-Breeze 240

電気シェーバー：
Quick Glide ER-85

加湿器：
Vatropical LV90

問題 28 〜 30 は次の広告とカタログに関するものです。

旅行によく行かれますか。「パッキングは軽く」派でしょうか。もしそうなら、Affavon にあなたがお探しのものがあります。Affavon の電子機器は可能な限りコンパクトにデザインされています。小さいのはもちろん、軽さも兼ね備えていますのでスーツケースでの持ち運びは簡単です。実際、Quick Glide ER-85 は市場で最小・最軽量の電気シェーバーです。また Affavon の最新製品であるドライヤーは平均のわずか半分のサイズでありながらレギュラーサイズと同じパワーを持っています。でも Affavon 製品で最も素晴らしいのはスタイルです。シンプルながらモダンなデザインはあらゆる年代の方々に気に入っていただいています。ご自身でご覧になりたいでしょう？　affavon.com から今すぐカタログをチェックしてください！

28. Who is the advertisement intended for?

(A) Software engineers
(B) Professional athletes
(C) Frequent **travelers**
(D) Healthcare workers

29. Look at the graphic. What is Affavon's newest product?

(A) Min-E Brush 7S
(B) **Macro-Breeze 240**
(C) Quick Glide ER-85
(D) Vatropical LV90

30. What does the speaker encourage the listeners to do?

(A) Browse an online **catalog**
(B) Enter a promotion code
(C) Read some testimonials
(D) Visit a store during a sale

PART 4

---

28. 広告は誰に向けられたものですか。

(A) ソフトウエアエンジニア
(B) プロのアスリート
(C) 頻繁に旅行する人
(D) 医療従事者

29. 図を見てください。Affavon の最新の製品は何ですか。

(A) Min-E Brush 7S
(B) Macro-Breeze 240
(C) Quick Glide ER-85
(D) Vatropical LV90

30. 話し手は聞き手に何をすることをすすめていますか。

(A) オンラインカタログを見ること
(B) プロモーションコードを入力すること
(C) お客様の声を読むこと
(D) セール中に店を訪れること

正直に言えば、本書で意図問題について解説するか最後まで迷いました。この難問は捨てろ、としたほうが読者の皆さんにとって負担が減ると思ったからです。でも、ここまで読み進めてくださったあなたに、捨てる問題は似合わない気がします。意図問題を含めたここまでの演習に挑戦したあなたは素晴らしいです。ひとまず、お疲れ様でした。

　Part 4 最強の勉強法、それは暗唱です。TOEIC の問題は、各回の難易度が均等になるように綿密に計算されています。それもそのはず、昇進や昇給、海外出張を懸けた重要な受験で、たまたま非常に難しい回に当たったがゆえにあと 5 点スコアが足りずに涙を飲んだ、なんてことになってはたまったものではありません。そんな当たり外れのないように、問題の制作団体である ETS は慎重に作問しています。

　言い換えれば、どの回も似たような問題が繰り返して出題される、ということです。本書で「Part 2 で疑問詞の質問文が流れる割合は 44%」と分析できるのも、出題の傾向が安定しているからこそ。その特徴を利用しない手はありません。

　それが最も顕著に現れるのが Part 4 です。話者は 1 人で、トークのパターンも限られています。逆に言えば、このトークのストックを自分の中に入れておけば、相当有利に解答できることは想像に難くないでしょう。

　ハードではありますが、まずは本書の実践問題を暗記してみてください。もちろん、いきなり30個ものトークを全文覚えることは現実的ではないので、次のようなステップで習得します。

① お手本となるトークを 1 つ選び、通して 2 回聞きます。このとき、1 回目は何も見ずに音声に集中し、2 回目はスクリプト（解説ページの英文）を目で追いながら聞きましょう。音声を聞いた際、このクオリティを再現すると気負わずに、これに近いものを仕上げる、と考えてください。

② 次にスクリプトを見ながら音読します。初めはお手本との違いに愕然とするでしょう。でもそれが当たり前です。

③ さらに音読を繰り返し、途中でつっかえずにスラスラと読めるまで繰り返します。たとえば誰かに「発音は問わないからこの原稿を○秒で読んで」と頼まれたときに「いけます」と答えられるレベルです。この○秒は、録音されている秒数と同じです。トーク（トラック）ごとに異なります。

④ ③を完了するまで、早い人でも 20 回ぐらいの音読を要します。これは完全に個人差があるので、回数が多くても少なくてもまったく気にする必要はありません。さて、この③が本当にできているかをチェックします。チェック方法はとても簡単。実際に音声を流し、「よーいドン」でその音声と一緒に読み始めます。

⑤ さて、音声にもう少しで追いつけるレベルに到達した方は、引き続きこのレベルで練習しましょう。④で行ったように、音声に少し遅れてついていけるように練習します。「スクリプトを読んでいると遅いよな」と感じた方は、スクリプトを見ずについていってみてください。なお、この練習を「シャドーイング」といいます。ここまでくると学習効果は相当なものです。

※ 多くの英語教員が音読の効果やシャドーイングの効能について述べていますが、腹落ちしたい人、興味がある方は、門田修平先生の『音読で外国語が話せるようになる科学』(SB クリエイティブ)、『シャドーイングと音読の科学』(コスモピア) をご覧ください。

⑥ ⑤を経て音声と同じスピードで読めるようになった方へ。音声と同じスピードで読む行為を「オーバーラッピング」といいます。②で音読を始めたころからは見違えた自分に気づくはすです。

　さて、ここまでで音読した回数はかなりの数に上り、スクリプトを覚えているところまできているかもしれません。そう、暗記することが目的なのではなく、学んでいくうちに自然と覚えている、そんな状態を目指しています。こうやって身につけた暗唱はPart 4 だけでなく、リスニングセクション全体、いや英語学習全般において効果を発揮します。

　これはマラソンを走りきった人にしかその爽快感がわからないのと同じで、やってみた人しかこの効果を実感できません。効果はスコアという形で確実に現れます。

ゼロからの TOEIC® L&R テスト リスニング講義

Part 1/Part 2 練習問題　解答用紙

Part 1 例題	ANSWER A B C D	No.	ANSWER A B C	No.	ANSWER A B C	No.	ANSWER A B C	No.	ANSWER A B C

Part 1 例題

No.	A B C D
1	Ⓐ Ⓑ Ⓒ Ⓓ
2	Ⓐ Ⓑ Ⓒ Ⓓ

Part 2 例題

No.	A B C
1	Ⓐ Ⓑ Ⓒ
2	Ⓐ Ⓑ Ⓒ

Part 2 練習問題 1

No.	A B C
1	Ⓐ Ⓑ Ⓒ
2	Ⓐ Ⓑ Ⓒ
3	Ⓐ Ⓑ Ⓒ
4	Ⓐ Ⓑ Ⓒ

Part 2 練習問題 2

No.	A B C
1	Ⓐ Ⓑ Ⓒ
2	Ⓐ Ⓑ Ⓒ
3	Ⓐ Ⓑ Ⓒ
4	Ⓐ Ⓑ Ⓒ

Part 2 練習問題 3

No.	A B C
1	Ⓐ Ⓑ Ⓒ
2	Ⓐ Ⓑ Ⓒ
3	Ⓐ Ⓑ Ⓒ
4	Ⓐ Ⓑ Ⓒ

Part 2 練習問題 4

No.	A B C
1	Ⓐ Ⓑ Ⓒ
2	Ⓐ Ⓑ Ⓒ
3	Ⓐ Ⓑ Ⓒ
4	Ⓐ Ⓑ Ⓒ

Part 2 練習問題 5

No.	A B C
1	Ⓐ Ⓑ Ⓒ
2	Ⓐ Ⓑ Ⓒ
3	Ⓐ Ⓑ Ⓒ
4	Ⓐ Ⓑ Ⓒ

Part 2 練習問題 6

No.	A B C
1	Ⓐ Ⓑ Ⓒ
2	Ⓐ Ⓑ Ⓒ
3	Ⓐ Ⓑ Ⓒ
4	Ⓐ Ⓑ Ⓒ

Part 2 練習問題 7

No.	A B C
1	Ⓐ Ⓑ Ⓒ
2	Ⓐ Ⓑ Ⓒ
3	Ⓐ Ⓑ Ⓒ
4	Ⓐ Ⓑ Ⓒ

Part 2 練習問題 8

No.	A B C
1	Ⓐ Ⓑ Ⓒ
2	Ⓐ Ⓑ Ⓒ
3	Ⓐ Ⓑ Ⓒ
4	Ⓐ Ⓑ Ⓒ

Part 2 練習問題 9

No.	A B C
1	Ⓐ Ⓑ Ⓒ
2	Ⓐ Ⓑ Ⓒ
3	Ⓐ Ⓑ Ⓒ
4	Ⓐ Ⓑ Ⓒ

Part 2 練習問題 10

No.	A B C
1	Ⓐ Ⓑ Ⓒ
2	Ⓐ Ⓑ Ⓒ
3	Ⓐ Ⓑ Ⓒ
4	Ⓐ Ⓑ Ⓒ

Part 2 練習問題 11

No.	A B C
1	Ⓐ Ⓑ Ⓒ
2	Ⓐ Ⓑ Ⓒ
3	Ⓐ Ⓑ Ⓒ
4	Ⓐ Ⓑ Ⓒ

Part 2 練習問題 12

No.	A B C
1	Ⓐ Ⓑ Ⓒ
2	Ⓐ Ⓑ Ⓒ
3	Ⓐ Ⓑ Ⓒ
4	Ⓐ Ⓑ Ⓒ

＊ BOOK CLUB（https://bookclub.japantimes.co.jp/book/b623765.html）からも
ダウンロードできます。

ゼロからの TOEIC® L&R テスト リスニング講義
Part 3/Part 4 練習問題　解答用紙

Part 3 例題			Part 3 練習問題 4			Part 4 例題			Part 4 練習問題 1		
No.	**ANSWER** A B C D		**No.**	**ANSWER** A B C D		**No.**	**ANSWER** A B C D		**No.**	**ANSWER** A B C D	
1	Ⓐ Ⓑ Ⓒ Ⓓ		1	Ⓐ Ⓑ Ⓒ Ⓓ		1	Ⓐ Ⓑ Ⓒ Ⓓ		9	Ⓐ Ⓑ Ⓒ Ⓓ	
2	Ⓐ Ⓑ Ⓒ Ⓓ		2	Ⓐ Ⓑ Ⓒ Ⓓ		2	Ⓐ Ⓑ Ⓒ Ⓓ		**Part 4 練習問題 2**		
3	Ⓐ Ⓑ Ⓒ Ⓓ		**Part 3 練習問題 5**			3	Ⓐ Ⓑ Ⓒ Ⓓ		1	Ⓐ Ⓑ Ⓒ Ⓓ	
Part 3 練習問題 1			1	Ⓐ Ⓑ Ⓒ Ⓓ		**Part 4 練習問題 1**			2	Ⓐ Ⓑ Ⓒ Ⓓ	
1	Ⓐ Ⓑ Ⓒ Ⓓ		2	Ⓐ Ⓑ Ⓒ Ⓓ		1	Ⓐ Ⓑ Ⓒ Ⓓ		**Part 4 練習問題 3**		
2	Ⓐ Ⓑ Ⓒ Ⓓ					2	Ⓐ Ⓑ Ⓒ Ⓓ		1	Ⓐ Ⓑ Ⓒ Ⓓ	
Part 3 練習問題 2						3	Ⓐ Ⓑ Ⓒ Ⓓ		2	Ⓐ Ⓑ Ⓒ Ⓓ	
1	Ⓐ Ⓑ Ⓒ Ⓓ					4	Ⓐ Ⓑ Ⓒ Ⓓ		3	Ⓐ Ⓑ Ⓒ Ⓓ	
2	Ⓐ Ⓑ Ⓒ Ⓓ					5	Ⓐ Ⓑ Ⓒ Ⓓ		4	Ⓐ Ⓑ Ⓒ Ⓓ	
Part 3 練習問題 3						6	Ⓐ Ⓑ Ⓒ Ⓓ				
1	Ⓐ Ⓑ Ⓒ Ⓓ					7	Ⓐ Ⓑ Ⓒ Ⓓ				
2	Ⓐ Ⓑ Ⓒ Ⓓ					8	Ⓐ Ⓑ Ⓒ Ⓓ				

＊ BOOK CLUB（https://bookclub.japantimes.co.jp/book/b623765.html）からもダウンロードできます。

ゼロからの TOEIC® L&R テスト リスニング講義

実践問題 解答用紙

LISTENING SECTION

Part 1

No.	A	B	C	D
1	Ⓐ	Ⓑ	Ⓒ	Ⓓ
2	Ⓐ	Ⓑ	Ⓒ	Ⓓ
3	Ⓐ	Ⓑ	Ⓒ	Ⓓ
4	Ⓐ	Ⓑ	Ⓒ	Ⓓ
5	Ⓐ	Ⓑ	Ⓒ	Ⓓ
6	Ⓐ	Ⓑ	Ⓒ	Ⓓ

Part 2

No.	A	B	C
7	Ⓐ	Ⓑ	Ⓒ
8	Ⓐ	Ⓑ	Ⓒ
9	Ⓐ	Ⓑ	Ⓒ
10	Ⓐ	Ⓑ	Ⓒ
11	Ⓐ	Ⓑ	Ⓒ
12	Ⓐ	Ⓑ	Ⓒ
13	Ⓐ	Ⓑ	Ⓒ
14	Ⓐ	Ⓑ	Ⓒ
15	Ⓐ	Ⓑ	Ⓒ
16	Ⓐ	Ⓑ	Ⓒ
17	Ⓐ	Ⓑ	Ⓒ
18	Ⓐ	Ⓑ	Ⓒ
19	Ⓐ	Ⓑ	Ⓒ
20	Ⓐ	Ⓑ	Ⓒ
21	Ⓐ	Ⓑ	Ⓒ
22	Ⓐ	Ⓑ	Ⓒ
23	Ⓐ	Ⓑ	Ⓒ
24	Ⓐ	Ⓑ	Ⓒ
25	Ⓐ	Ⓑ	Ⓒ

Part 3

No.	A	B	C	D
10	Ⓐ	Ⓑ	Ⓒ	Ⓓ
11	Ⓐ	Ⓑ	Ⓒ	Ⓓ
12	Ⓐ	Ⓑ	Ⓒ	Ⓓ
13	Ⓐ	Ⓑ	Ⓒ	Ⓓ
14	Ⓐ	Ⓑ	Ⓒ	Ⓓ
15	Ⓐ	Ⓑ	Ⓒ	Ⓓ
16	Ⓐ	Ⓑ	Ⓒ	Ⓓ
17	Ⓐ	Ⓑ	Ⓒ	Ⓓ
18	Ⓐ	Ⓑ	Ⓒ	Ⓓ
19	Ⓐ	Ⓑ	Ⓒ	Ⓓ
20	Ⓐ	Ⓑ	Ⓒ	Ⓓ
21	Ⓐ	Ⓑ	Ⓒ	Ⓓ
22	Ⓐ	Ⓑ	Ⓒ	Ⓓ
23	Ⓐ	Ⓑ	Ⓒ	Ⓓ
24	Ⓐ	Ⓑ	Ⓒ	Ⓓ
25	Ⓐ	Ⓑ	Ⓒ	Ⓓ
26	Ⓐ	Ⓑ	Ⓒ	Ⓓ
27	Ⓐ	Ⓑ	Ⓒ	Ⓓ
28	Ⓐ	Ⓑ	Ⓒ	Ⓓ
29	Ⓐ	Ⓑ	Ⓒ	Ⓓ
30	Ⓐ	Ⓑ	Ⓒ	Ⓓ
31	Ⓐ	Ⓑ	Ⓒ	Ⓓ
32	Ⓐ	Ⓑ	Ⓒ	Ⓓ
33	Ⓐ	Ⓑ	Ⓒ	Ⓓ
34	Ⓐ	Ⓑ	Ⓒ	Ⓓ
35	Ⓐ	Ⓑ	Ⓒ	Ⓓ
36	Ⓐ	Ⓑ	Ⓒ	Ⓓ
37	Ⓐ	Ⓑ	Ⓒ	Ⓓ
38	Ⓐ	Ⓑ	Ⓒ	Ⓓ
39	Ⓐ	Ⓑ	Ⓒ	Ⓓ

Part 4

No.	A	B	C	D
1	Ⓐ	Ⓑ	Ⓒ	Ⓓ
2	Ⓐ	Ⓑ	Ⓒ	Ⓓ
3	Ⓐ	Ⓑ	Ⓒ	Ⓓ
4	Ⓐ	Ⓑ	Ⓒ	Ⓓ
5	Ⓐ	Ⓑ	Ⓒ	Ⓓ
6	Ⓐ	Ⓑ	Ⓒ	Ⓓ
7	Ⓐ	Ⓑ	Ⓒ	Ⓓ
8	Ⓐ	Ⓑ	Ⓒ	Ⓓ
9	Ⓐ	Ⓑ	Ⓒ	Ⓓ
10	Ⓐ	Ⓑ	Ⓒ	Ⓓ
11	Ⓐ	Ⓑ	Ⓒ	Ⓓ
12	Ⓐ	Ⓑ	Ⓒ	Ⓓ
13	Ⓐ	Ⓑ	Ⓒ	Ⓓ
14	Ⓐ	Ⓑ	Ⓒ	Ⓓ
15	Ⓐ	Ⓑ	Ⓒ	Ⓓ
16	Ⓐ	Ⓑ	Ⓒ	Ⓓ
17	Ⓐ	Ⓑ	Ⓒ	Ⓓ
18	Ⓐ	Ⓑ	Ⓒ	Ⓓ
19	Ⓐ	Ⓑ	Ⓒ	Ⓓ
20	Ⓐ	Ⓑ	Ⓒ	Ⓓ
21	Ⓐ	Ⓑ	Ⓒ	Ⓓ
22	Ⓐ	Ⓑ	Ⓒ	Ⓓ
23	Ⓐ	Ⓑ	Ⓒ	Ⓓ
24	Ⓐ	Ⓑ	Ⓒ	Ⓓ
25	Ⓐ	Ⓑ	Ⓒ	Ⓓ
26	Ⓐ	Ⓑ	Ⓒ	Ⓓ
27	Ⓐ	Ⓑ	Ⓒ	Ⓓ
28	Ⓐ	Ⓑ	Ⓒ	Ⓓ
29	Ⓐ	Ⓑ	Ⓒ	Ⓓ
30	Ⓐ	Ⓑ	Ⓒ	Ⓓ

終わりに

　私が高校生のころ、体育祭の打ち上げや部活の仲間が集まる場所は決まって我が家でした。母は社交的な人間で私の友人たちを下の名前で呼び、食べざかりの少年たちによく手料理を振る舞ってくれました。多くの友人を家に呼ぶことに抵抗がなかったのは、母自身が自分の友人たちを家に招き、お茶を飲んだりケーキを食べたりしていたからかもしれません。つまり、我が家は賑やかな場所でした。

　そんな中、年に数回、来客から「お願い」問題として私に出されるのが「ピアノを弾いて聞かせてほしい」です。幼いころは少し誇らしく、しかし成長してからは煩わしく感じていたこの依頼も、私の年齢が上がるにつれて減っていきました。「見ず知らずの人に下手な演奏を聴かせることはないだろう」。そんな私の態度が現れていたのでしょう、依然として家にはたくさんの人が来てはいましたが、客人たちの前でピアノを弾くことはほとんどなくなっていました。

　大学に進学し、帰省した時のことです。相変わらず、母と同年代の女性が一人、実家に遊びに来ていました。私が軽く会釈をし、そそくさと自分の部屋に入って間もなくすると、数年ぶりに「依頼」が来ました。適当な楽譜を譜面台に載せ、まだ指が覚えていた一曲を弾き始めた時です。母の友人はピアノの縁に手を置き、私を見ました。彼女は聴覚障碍者で、ピアノの振動を頼りに私の演奏を「聴いて」いたのです。

　演奏にあれほどの緊張を覚えたのは初めてでした。たった一人の聞き手にこれほどまでに緊張したのは、彼女が全身の神経を集中させ、一音一音を感じ取ろうとしていたからでしょう。そして、私はその思いに応えるだけの演奏ができるか不安になりながら、できる精一杯の演奏をしたのです。

　「はじめに」で記した緊張も、これと同じ何かです。演奏が授業に変わっても、講義を聞いてくれる学生の気持ちに緊張しつつ、今の目一杯を注いでいます。そして同様に、本書を読んでくださる読者の方への責任に緊張しながら、今私にできる精一杯を「ゼロからリスニング」に込めました。

　だから本書があるのは普段教室で共に学ぶ学生たちと、セミナー等をご受講いただく方々のおかげです。また仕事や執筆を支えてくれる家族、不安になったときにいつも勇気づけてくれる友人の上野寛仁君に感謝申し上げます。最後に、本書の編集に多大なご尽力を賜ったジャパンタイムズ出版の大庭葉子さんに深く御礼申し上げます。ありがとうございました。

和久健司（わく けんじ）

東京都出身。早稲田大学第一文学部文芸専修、法政大学大学院政策創造研究科卒。小学 6 年生のときに英語がまったく話せない状態でアメリカ・オレゴン州にて 1 カ月間ホームステイを体験。大学時代はバックパッカーとして世界各地を放浪。サラリーマン、オーストラリア移住、旅行雑誌編集などを経て、現在、帝京平成大学助教・神田外語学院非常勤講師。著書に『ゼロからの TOEIC® L&R テスト 600 点 全パート講義』『ゼロからの TOEIC® L&R テスト リーディング講義』（ジャパンタイムズ出版）、共著に『Develop Four Skills through English News』（三修社）。

ゼロからの
TOEIC® L&R テスト
リスニング講義

2023 年 5 月 5 日　初版発行

著　者　　和久健司
　　　　　©Kenji Waku, 2023
発行者　　伊藤秀樹
発行所　　株式会社ジャパンタイムズ出版
　　　　　〒102-0082 東京都千代田区一番町 2-2
　　　　　一番町第二 TG ビル 2F
　　　　　ウェブサイト　https://jtpublishing.co.jp/
印刷所　　日経印刷株式会社

・本書の内容に関するお問い合わせは、上記ウェブサイトまたは郵便でお受けいたします。
・万一、乱丁落丁のある場合は、送料当社負担でお取りかえいたします。ジャパンタイムズ出版・出版営業部あてにお送りください。

本書のご感想をお寄せください。
https://jtpublishing.co.jp/contact/comment/